高等教育职业化转型新成果

新编大学生职业核心能力训练丛书

新编自我学习能力训练

主　编　张岩松

副主编　刘志敏　高　琳

西安电子科技大学出版社

内 容 简 介

  本书是《新编大学生职业核心能力训练丛书》之一，是反映高等教育教学改革最新理念的创新型实用教材，是任务驱动型高职教材的成功范例。本书包括认识自我学习、自我学习规划、自我学习方法、自我学习管理、自我学习评价、自我学习的智力因素、自我学习的非智力因素、自我学习中的创造性思维等 8 项"任务"。每项"任务"由训练目标、能力基础、能力故事、能力训练、拓展阅读和课后练习构成，便于大学生在练中学、学中练，不断提升自我学习能力，为将来的人生发展打下良好的基础。

  本书融知识性、趣味性和可操作性于一体，深入浅出，方便实用，可作为应用型本科院校、职业教育本科院校、高职高专院校以及各类成人院校各专业学生通识教育自我学习课程的教材，也可作为大学生提高自我学习能力的训练读本，还可作为各界人士提升自我学习能力的实用参考读物。

图书在版编目(CIP)数据

新编自我学习能力训练/张岩松主编. —西安：西安电子科技大学出版社，2017.4
(2024.8 重印)
ISBN 978 - 7 - 5606 - 4458 - 5

Ⅰ. ① 新… Ⅱ. ① 张… Ⅲ. ① 学习能力－能力培养 Ⅳ. ① G442

中国版本图书馆 CIP 数据核字(2017)第 065629 号

策　　划	高维岳
责任编辑	高维岳
出版发行	西安电子科技大学出版社(西安市太白南路 2 号)
电　　话	(029)88202421　88201467　　邮　　编　710071
网　　址	www.xduph.com　　　　电子邮箱　xdupfxb001@163.com
经　　销	新华书店
印刷单位	广东虎彩云印刷有限公司
版　　次	2017 年 4 月第 1 版　2024 年 8 月第 3 次印刷
开　　本	787 毫米×1092 毫米　1/16　印张　10
字　　数	228 千字
定　　价	25.00 元

ISBN 978 - 7 - 5606 - 4458 - 5

XDUP　4750001 - 3

＊＊＊如有印装问题可调换＊＊＊

出版说明

当前，我国大学生在校人数已达 2400 多万人，居世界第一位。我国高等教育在经历社会精英教育阶段、大众普及阶段之后，进入结构转型发展的第三阶段。根据教育部高等教育改革发展的最新思路，为解决中国就业突出的结构型矛盾，进一步推进高等教育改革，国家普通高等院校 1200 所学校中，将有 600 多所转向应用技术型、职业教育型高校，转型的大学本科院校将占到全国高校总数的一半以上，高等教育职业化转型已成为大势所趋。

本轮高等教育改革以建设现代职业教育体系为突破口，对教育结构实施战略性调整，使职业化教育与社会就业职业相对接。由此，必将加强高等院校职业化教育意识，教师队伍、课程、学科、教育设施设备和教育实践必将面临职业化改革。在此背景和形势下，大学生职业核心能力训练空前重要起来。

职业核心能力是人们职业生涯中除岗位专业能力之外的基本能力、必需能力，它适用于各种职业，适应岗位的不断变换，是伴随人终身的可持续发展能力。在德国、澳大利亚、新加坡职业核心能力被称为"关键能力"；在我国大陆和台湾地区，也有人称它为"关键能力"；美国称之为"基本能力"，在全美测评协会的技能测评体系中被称为"软技能"；香港称之为"基础技能""共同能力"等。职业核心能力是成功就业和可持续发展的"关键能力"，是当今世界发达国家、地区职业教育和人力资源开发的热点。

为此，我们诚邀长期从事大学生职业核心能力训练的教学名师和资深教师积极参与，组成强大的作者队伍，反复推敲选题意义和内涵，把握大学生人生和职业发展的迫切要求，全面分析并围绕大学生日常生活、职业发展的人生基本需要，仔细审视现行教育体制的不足，按照最欠缺、最实用的原则，遵循"一生都需要，课堂学不到"的内容筛选标准，构建核心职业能力训练体系，为大学生顺利成长和全面成才，提供现实而迫切的帮助。

本套丛书的主旨：立足大学生职业核心能力训练课程体系基本现状，着眼于人生发展的普遍命题，紧紧围绕个体成长的共同需要，扬长补短，突显特色；彻底打破专业的局限，集中着眼于个人发展的核心能力，以扎扎实实的能力训练为切入点，以简明、实用、趣味的写作形式打动师生，吸引师生，使核心能力训练"落地生根"，填补课堂教育的缺失和不足，努力构建一套基于大学生日常生活和职业发展的新型能力训练模式。

根据国家对职业核心能力的划分,并考虑适应社会和职业生活的发展需要,本套丛书设置了以下十种:

新编自我学习能力训练　　新编自我管理能力训练

新编人际沟通能力训练　　新编团队合作能力训练

新编实用口才能力训练　　新编实用理财能力训练

新编解决问题能力训练　　新编信息处理能力训练

新编网络防护能力训练　　新编创业创新能力训练

由于我们身在高校,长期从事大学生职业素质和能力教育,了解现行高等教育的优势和不足,熟悉大学生成长的难题和困惑,策划本套丛书具有一定优势,能够为大学生提供其最需要、最欠缺的能力训练和成长给养。同时,作为大学出版社,除了为学校教学、科研服务外,着眼学校人才培养,为大学生的全面成才服务,以优秀内容占据大学生阅读市场,也是题中之义和重中之重。

本套丛书既可以作为大学相关公共课、选修课教材,又可以作为大学生和社会青年的一般阅读图书。

愿本套丛书为当代大学生和社会有志青年实现成功人生,奠定扎实过硬的能力基础起到非常积极有效的作用!

前　言

　　学习是一种动力，是一个人成才进步和发展的力量源泉。学习能力，尤其是自我学习的能力决定和影响着人的未来发展。

　　随着科技的不断发展，社会竞争日益激烈，现代高校教育涉及各种新知识、新技术。但在实际的大学教学过程中，许多前沿的科学知识并不能及时得到补充，很多大学生表示在学校所学的内容过于枯燥、陈旧，学习兴趣不浓。另一方面，大学生们普遍担心自己所学的专业知识太过理论化、缺乏实践。而且，很多大学生的学习方法仍旧停留在高中阶段。他们习惯于在教师的督促下进行学习，一旦到了比较自由的环境，他们就容易松懈，降低对自己的学习要求，变得自由散漫，学习效率低下。

　　自学并非易事，从最精确的意义上讲，大学生们的自学能力十分有限。传统的学习方式是以教师为中心的，它的结果是一种"应付式的学习"，为应付预期的局面而去完成规定的任务。著名作家兼预言家托夫勒补充说，工业社会里的学习有三种基本相似的特征：准时、顺从和死记硬背。它们有助于标准化而非创新，并容易助长对权威的盲从。

　　对大学生而言，加强自我学习能力的提升，运用多样化的学习方法，提高学习的自觉性，不断学习，融会贯通，才能真正成为学习的主人。一个人无论其职业生涯开始时才能多高，如果没有高度的自我学习能力，都无法从容应对高速发展的知识经济时代，也不可能使自己的事业更上一层楼。

　　鉴于以上原因，我们编写了本书。本书是"高等教育职业化转型新成果"，是《新编大学生职业核心能力训练丛书》中的一本。本书是反映高等教育教学改革最新理念的创新型实用教材，是大连职业技术学院深化高职教育教学改革、开发任务驱动型教材的成功范例。本书融知识性、趣味性和可操作性于一体，深入浅出，方便实用。全书包括认识自我学习、自我学习规划、自我学习方法、自我学习管理、自我学习评价、自我学习的智力因素、自我学习的非智力因素、自我学习中的创造性思维等8项"任务"。每项"任务"由训练目标、能力基础、能力故事、能力训练、拓展阅读和课后练习构成，便于学生在练中学、学中练，不断提升自我学习能力，为将来的人生发展打下良好的基础。

　　本书由张岩松任主编，刘志敏、高琳任副主编。张岩松编写任务1、任务3和任务8；刘志敏编写任务4、任务6和任务7；高琳编写任务2和任务5。蔡颖颖、王艳洁、穆秀英、王允、凌云、白冰、杨帆、刘思坚、张铭、董丽萍、许峰、祁玉红、付强、周晓红完成了任务 1 至任务 8 课后练习的编写。全书由刘志敏统稿。

　　本书可作为应用型本科院校、职业教育本科院校、高职高专院校以及各类成人院校各专业学生通识教育自我学习课程的教材，也可作为大学生提高自我学习能力的训练读本，还可作为各界人士提升自我学习能力的实用参考读物。

　　在编写本书的过程中，我们参考了大量文献，其中有些材料是互联网发布或转发的信息，在此向各位作者表示衷心的感谢。本书的出版也得到西安电子科技大学出版社的大力支持与帮助，在此一并致谢。

　　因编者水平有限，不足之处在所难免，敬请读者批评指正。

编　者

2016 年 10 月

目　录

任务 1 认识自我学习

任何一个人如果养成了自修的习惯，都是终身受用不尽的。

——华罗庚

赢不是一切，而学习是！

——[美]约翰·麦克斯维尔

训练目标

（1）了解学习的概念、过程和特点；

（2）了解自我学习的概念，能区分自我学习和学校教育、自学的不同；

（3）掌握自我学习的特点，并对自我学习进行分析；

（4）掌握自我学习能力的概念，明确提高自我学习能力的意义所在。

1.1 能力基础

一、学习

要认识自我学习，就要首先弄清楚何谓"学习"，明确学习的概念、过程和特点。

1. 学习的概念

"学习"一词是颇有来历的。《辞源》中的"学"共有四个意义：① 仿效，学习，如"学而时习之，不亦说乎"（见《论语·述而》）；② 学校，如"古之教者，家有塾，国有学"（见《礼记》）；③ 学问，学说，学派，如"百家之学"；④ 诉说，如"红娇翠弱，春寒睡起慵匀掠，些儿心事谁能学"。《辞源》中的"习"共有九个意义：① 鸟练飞；② 复习，练习，如"命乐正习"；③ 学；④ 通晓，如"令习水者为吏"；⑤ 惯常，习惯；⑥ 亲信的人；⑦ 重叠；⑧ 因，相因；⑨ 姓。《说文解字》中说"学，觉悟也""习，数飞也"。用现在的话说，"学"就是使人获得知识，有所启示，提高认识。"习"就是像鸟儿来回飞翔一样，反复运用知识，形成技能技巧。宋代的叶适在《毛积夫墓志铭》中说："稍长，亲师友，学习今古。"

在古代西方，希腊文中早已有"学习"一词的记载。而在英语中，"学习"一词"learn"则源于印欧语系"lies"，意指"轨迹"或"车辙""犁沟"。因此，英语"learn"的原意是通过追寻足迹来获得经验。历经沧海桑田，至今，"学习"的概念和理论在先哲的不断梳理和阐述之中得到了丰富和发展。

从教育学的角度看，学习是指人类（个体或团队、组织）在认识与实践过程中获取经验和知识，掌握客观规律，使身心获得发展的社会活动，学习的本质是人类个体和人类整体的自我意识与自我超越。

学习是通过教授或体验而获得知识、技术、态度或价值的过程，从而导致可量度的稳定的行为变化，更准确一点来说是构建新的精神（知识）结构或审视过去的精神（知识）结构。

关于学习概念应注意以下几点：

（1）主体。学习的主体是人。

（2）性质。学习不仅是人类生存必需的，而且具有个体性、社会性双重属性。

（3）内容。学习的内容是获取知识和经验，掌握客观规律来指导自身发展。

（4）目的。学习的目的和结果是使个体身心获得发展，不断实现自我意识与自我超越，这不仅是人类学习活动最本质的特征，而且是人类创造力的最根本的源泉。

此外，从信息论的角度看，学习是知识或经验即信息的获取；从行为学的角度看，学习是有机体行为的改变（区别于有机体生理成熟引起的行为改变）；从社会学的角度看，学习是个体人的社会化过程。

一般认为，学习有广义和狭义之分。广义的学习是指人及动物所共有的行为，在一定的情境中获得经验而产生的行为或行为潜能的比较持久的变化过程。狭义的学习特指人的学习。人的学习是在社会生活实践中，通过交往，以语言为中介，自觉地、能动地以个体经验的形式掌握社会经验的过程。所以，人的学习过程就是掌握人类社会经验的过程。也就是使学到的东西得以转化为潜在的能力和内在的品质和精神，提高人的整体素质。

2. 学习过程

（1）从信息处理角度看学习过程，我们接收的信息，在大脑里须经过五个过程才能被吸收和运用。具体内容如下：

第一，摄入过程。经由外部感官把外界的信息接收入大脑，这是认知过程的第一步，称为摄入过程。

第二，处理过程。把与所摄入信息有关的资料从大脑储存库中取出，进行适当的比较、删除、整合等，以产生一个有意义的知识，称为处理过程。

第三，编码过程。把这个有意义的知识与本人的知识结构作对比，以确定接收到的信息的意义，赋予不同的重要性权值，并进行编码，称为编码过程。

第四，储存过程。把这一经过确定的知识以一个固定模式储存在大脑记忆中，称为储存过程。只有经过编码过程的资料，才能被储存在大脑记忆中。

第五，提用过程。在需要的时候，把这份信息和知识提取出来运用，称为提用过程。

这五个过程，人的意识都要全面参与。但参与的程度不一样，即摄入过程和提用过程可以有意识地完全参与；处理过程和储存过程中，意识只部分地参与；编码过程则完全是潜意识的工作。

（2）从功能角度看，学习过程包含下面三个基本部分：

第一，学习潜能。它是指学习者身心发展水平和进一步学习的潜在能力，由此才能确定合适的学习目标，制订合理的学习计划。

第二，学习状态。它是指学习者在学习过程中达到学习目标的程度，由此才能找到差距和改进方案。

第三，学习成果。它是指学习的成绩、效果，包括有形的和无形的，量化的和无法量化的。

3. 学习的特点

（1）学习具有社会性。学习活动是在社会中进行的，其目的决不像动物那样仅限于满足个体生存和种系繁衍的需要，更主要的是满足社会生活的需要，是为了解决一定的生产任务和生活任务而进行的学习。因此，学习活动是自觉地、有目的地进行的活动。

（2）学习具有能动性。人的生活方式的根本目的在于改造现实，人所特有的这种主观能动性，也必然在学习过程中表现出来。如确立明确的学习目标，制订可行的学习计划，讲究科学的学习方法，并善于通过社会学习的途径去有效地获取知识，进而通过自觉地学习去能动地认识世界和改造世界。

（3）学习具有多源性。学习内容不仅要获得直接经验，而且要获得间接经验。学习方式有三种：教师指导的学习，自主学习，两者结合的学习。

（4）学习具有创造性。学习活动以改造自然、提高生产力为目的；以改造人类社会、变革社会形态为目的；以改造人的主观世界、培养提高人的认识能力和生活实践能力为目的。所以，学习活动是继承与发展、积累与创新相结合的过程。在学习中要不断培养创造精神，激发创造才能，强化创造意识，为创造而学习[①]。

二、自我学习

西方白领阶层中流传有一条"知识折旧"定律："一年不学习，你所拥有的全部知识就会折旧 80%。"实际上，一个人在学校获得的知识不过是他一生所需知识的 10%，其他 90%以上的知识是在工作、生活中通过自我学习获得的。因此，在今天这个知识经济的时代，每个人掌握"自我学习"的本领显得特别重要。

自我学习是每一个人成长、进步的阶梯。无论是胜任岗位工作、取得良好业绩，还是拓展个人发展空间、早日实现岗位成才，都必须在工作中坚持自我学习，让自我学习带领自己走得更高更远。

那么，什么是自我学习呢？自我学习是区别于学校教育而言的，也就是说脱离了学校教育的学习，都可以称为自我学习。自我学习分为主动自我学习和被动自我学习。主动自我学习是指一切主动而独立获取知识、掌握技能、增长才干、提高思想品德等的学习形式。被动自我学习是指参加各类岗位培训、技能培训以及一切以提高自身素质和价值为目的的学习形式。

1. 自我学习和学校教育的区别

（1）形式上的区别。学校教育在形式上相对集中，有专业的教育者，也有特定的被教育者。在学习内容上，学校教育相对具体化、系统化、明确化。多年来学校教育已经形成了完整统一的体系，它包括初等教育、中等教育、高等教育。

自我学习在形式上相对松散，没有固定的学习形式，没有特定的教育者，也没有特定的被教育者。自我学习者在学习内容上的选择也相对宽泛一些，可以选择一些对自己的工作有帮助的学习内容，也可以选择自己感兴趣的知识来学习。

---

① 刘智运，刘永红. 大学生学习素养[M]. 北京：清华大学出版社，2014.

（2）时间上的区别。时间上，学校教育相对固定，自我学习相对自由。接受学校教育的时候，我们一般只需要集中精力学习就可以了，几乎所有的时间都可以用来学习。而自主学习的时候，时间是无法固定的，因为我们必须抽出工作之外的时间来完成自我学习，这就需要我们有很强的毅力和坚定的信心。

（3）目标上的区别。一个人一生中最重要的教育之一就是学校教育，在学校里，我们接受有计划的学习指导，学习系统的文化知识、价值观、道德观和社会规范。学校教育的目的就是培养个人的社会文化素质和知识水平，是个人不可缺少的重要教育经历。

自我学习是在结束了学校教育之后的学习，它的目的是进一步提高个人的文化修养，并且及时有效地补充需要的知识内容。所以，自我学习的能力是以学校教育为基础，以实际需求为核心的学习形式，它能够帮助我们更好地将学校教育和企业、社会教育衔接起来，并且引导我们始终走在知识、科技的前沿。

2. 自我学习和自学的区别

（1）范围上的区别。自学的范围仅限于主动学习和需要考取证书时的必要学习，而自我学习的范围要广泛得多，不仅包括自学的范围，更包括了除学校教育之外的全部被动学习，以及个人的兴趣培养、提高自身素质、提高工作技能、增加社会竞争力等的所有学习形式。自我学习的动机和目标完全是出自自我学习者的实际情况和需求，所以，在我们完成学校教育，迈进社会之后，自我学习更具有实际意义和长远作用。

（2）心理上的区别。自学是因为我们有必须取得的证书，或者必须通过的考试，从心理上来说，多少有些被动。但是，自我学习的时候，我们的心理是积极的、是从自身的意愿出发的，就算是在参加企业社会的培训时，我们也一样会抱着积极参与的心态和浓厚的兴趣去学习。自我学习中的被动自我学习不是指心理上的被动，而是指自我学习的形式是被动的。

（3）学习过程的区别。学校的学习过程往往只能保持在一段时间之内，所学到的知识也会在取得证书或者通过考试之后而结束。自我学习的过程则完全不同，它是自我学习者全然发自内心对知识的渴求，以及所在工作岗位的实际需要。所学习到的知识和技能因为实际的操作和应用，会持续过程较久，也可能会保持一辈子，而且在自我学习的过程中，我们的主观能动性和自我意志会被全部调动起来，帮助自我学习者补充知识内容，加强专业技能，提高工作、生存的能力。

自我学习不等于自学，更不同于学校教育，它有着自身独特的发展轨迹，了解自我学习的作用，学习自我学习的方法，并将自我学习融合进日常的生活和学习中，能够使我们不断地提高自身素质和增加自身价值。

3. 自我学习的特点

成功的自我学习不是容易的事情，它呈现出自身的特点，只有掌握这些特点，才能获得更好的学习效果。概括起来，自我学习的特点包括如下几个方面：

（1）目的性。在自我学习之前，每一个自我学习的人都会有一个自我发展、自我成长的目标。通常，这种目的性很明确，学习者非常清楚自己为什么选择这个学习科目，以及会收到怎样的预期效果。

有的人为了实现个人理想学习感兴趣的知识，有的人为了提高修养水平学习艺术，有的人为了提高工作能力学习外语，有的人为了提高工作效率学习计算机，等等。这些目的不仅表明学习者的方向，也为学习者的自我学习提供了动力。

（2）自主性。顾名思义，自我学习是主动学习的行为，是产生于自身内部的一种学习欲望、行动，所以每一个个体的自我学习都是自主的，主要内容包括自我评估、自我选择、自我锻炼、自我检测、自我调整。

自我评估。个体在自我学习时，首先要对自身具备的德、才、识、学等因素有大致的认识，也就是做到对自身条件的客观定位。

自我选择。当个体对自己有了基本评估之后，就可以根据自身的特点、优势，或者根据国家和单位的需求选择自己的发展方向。

自我锻炼。确定了自己的奋斗目标和发展方向后，个体还要注意选择适合自己的学习方法和途径，不能随波逐流，要充分利用自己的主观能动性，让自己在学习和实践中得到成长。

自我检测。当个体进行了一个阶段的自我学习和磨炼之后，还要通过一些有效方式对自我学习的成效进行检查和测验，以达到自我激励的效果。

自我调整。个体在对自己一个阶段的自我学习进行测评后，应该分析自己的优势与劣势，从而更好地调整自己，投入到接下来的学习中去，顺利实现预期目标。

（3）长期性。当代科学技术迅猛发展，知识、信息以爆炸的速度传播，一个人想要有所作为，就要不断地加强自我学习，提升自身的智力和水平。然而学习不是一蹴而就的事情，它需要对知识的长期积累和不断更新，这也是近年来大力提倡"终身学习"的原因。正因为自我学习具有不懈的长期性，所以个体要做好打持久战的心理准备，并勇敢面对可能遇到的困难和挑战。

（4）灵活性。既然自我学习具有突出的自主性，个体可以通过对自我的测定，对学习的目标、进度、内容以及时间、地点等，根据需要随时调整，最大限度地使社会目标、他人目标和自我目标趋于一致。具体到工作中，个体可以根据自己工作的内容和时间，灵活自主地安排学习内容，在不影响工作的前提下，获得更多的知识，以增长才干。

（5）创造性。自我学习者要较少受固定观念的影响，增强创新意识，敢于提出自己的独立见解，并自创方法。物理学家爱因斯坦就是一个坚持自我学习的人。对于自我学习，他有一段生动的描述："要是人用鞭子强迫一头健壮的食肉兽不停地吃，不管它是否接受，这头兽贪婪的食欲也会丧失。"可以说，正是有了独立的创造性，才激发起我们自我学习的热情。

（6）科学性。自我学习的过程虽然充满了不确定性，但也有原则、规律以及方法可循，在具体的学习过程中，可以采用系统法、信息法、反馈法、控制法和功能模拟法等。一个人在自我学习过程中，如果不研究内在的规律性、科学性，则往往会事倍功半，影响自我学习的积极性和主动性。

（7）艰巨性。与在全日制学校的学习相比，自我学习相对困难，这也是很多人无法坚持自我学习的重要原因。在自我学习过程中，学习者不仅缺乏有利的学习环境、丰富的学习资料、资深的授课老师，而且还面临着时间短缺、精力不足等问题。

一个人在步入社会，组织了家庭，并且在工作中担任一定职务以后，在学习与工作、学习与家庭之间都会产生时间、空间、金钱、精力的矛盾。这时候自我学习的道路会异常艰难曲折，自我学习者要有充分的思想准备，才能有足够的毅力在这条路上走下去。

（8）普遍性。数学家华罗庚曾经说过："在人的一生中，进学校靠别人传授知识的时间毕竟是短暂的，犹如妈妈扶着走在一生中是极短的时间一样。一个人在绝大部分时间要靠自己坚持不懈地刻苦努力，才能不断地积累知识。"对每个人来说，也是如此。个体参加工作以后，不但可以结合岗位需要进行自我学习，还要根据个人发展需要汲取知识。至于生活中的自我学习情况，那就更普遍了。因此，自我学习是无所不在、无时不在的①。

三、自我学习能力

1. 自我学习能力的含义

自我学习能力是指一个人独立学习的能力，即在独立学习、主动探求新知、获取技能过程中所形成的具有独立性、目的性、自主性、创造性等特性的多种能力综合所形成的个性心理特征。其具体表现为以下六种能力：

（1）对知识信息的获取、鉴别能力。能熟练地使用各种工具书，有效地利用图书馆，具有对文献资料的查找、检索能力，能够通过大量的阅读而有效地获取知识和技能。

（2）对知识信息的筛选、整理、储存和提取能力。能够根据社会和个人的需要选择图书资料，具有对知识的分类整理、归纳总结能力，能够运用所掌握的知识分析和解决问题。

（3）对知识信息的组合、编码、加工改造能力。能够利用记忆、感知的原材料，通过归类、综合、比较、推理、分析、判断、抽象和综合等方法，对知识信息进行积极的加工，去伪存真，去粗取精，并形成自己的见解和结论。

（4）自我学习研究能力。能够正确而熟练地运用复杂的知识信息资料，在自我学习中发现问题，提出和解决问题，选择研究课题，具有基本的设计能力、实验技能和一定的研究水平，能独立地撰写实验报告或论文，客观准确地阐明观点。

（5）自我管理约束能力。能够自觉地对自我学习的方向、内容、进度、时间等进行自我管理，对学习质量、学习效果进行自我检查。能够对自己的行为和时间进行约束，科学合理地运用时间，正确处理工作、家庭、学习之间的矛盾，有一定的"挤"劲和"钻"劲。

（6）独立分析问题和解决问题的能力。自我学习能力强的人，有一定的社会实践经验，心理成熟、感知丰富，思维的逻辑性、批判性较强，具有独立处理问题的优势和独立分析问题解决问题的能力，能够独立地收集运用资料，独立地选题，独立地完成实验和科研项目，独立地完成学习任务②。

2. 提高自我学习能力的意义

对现代人来说，从事自己喜爱的工作是一种幸运；而在平凡的岗位上取得骄人业绩，甚至作出杰出贡献，则是一种幸福。毫无疑问，自我学习是点燃希望的灯火，是个人发展进步的台阶。对个体来说，提高自我学习能力，不断地强化自我学习，不仅可以增强个人职业素养和专业技能，还可以在岗位上做得更出色，给团队作出贡献，并且使自我能力素质获得更大的提升。

提高自我学习能力的意义主要表现在以下几个方面：

（1）提高业务水平。实践表明，取得突出业绩的员工大多有着较强的自我学习能力。他

---

① 吴永生，刘伟. 自我学习[M]. 北京：中国工人出版社，2012：5-7.
② 张晓春. 试论成人自我学习能力的培养[J]. 社会科学家，2011(8)：133.

们通过自我学习，能够快速掌握职业技能，加深对岗位要求和专业技术的理解，从而提高自己的能力与业绩。概括起来，这种自我学习主要分为两个方面。一是主动学习与岗位相关的理论知识和技术，提升自己的岗位理论修养和岗位认知程度，从而有助于在实践中指导具体工作；二是在实践中总结经验、教训，对之前的工作进行系统的整理和归纳，以获得有益的启示，帮助自己在今后的工作中更好地完成本职工作。

（2）胜任岗位工作。自我学习是胜任岗位工作的助推器。任何一项工作，都需要具体负责人具备相应的职业素养和知识水平，对工作内容经历由陌生到熟悉，再到熟练的过程。因此，员工要做到岗位达标，必然需要有一个学习的过程。对于刚刚进入企业的新员工来说，提高自我学习能力，加强自我学习是更快更好地融入岗位角色、实现工作目标的途径之一。而老员工要胜任岗位工作，也需要提高自我学习能力，坚持自我学习，并对自己提出更高的要求，勇于挑战自我，从而实现与时俱进的发展目标。

（3）提升岗位技能。随着工作强度的加大，员工必须提升劳动技能、积累岗位经验，以便更好地适应新的工作需要。如果不提高自我学习能力，不积极主动地自主学习，就难以应对新的工作形势，也无法提升岗位技能，更无法拓展个人事业的发展空间。对于员工来说，岗位成才首先是岗位技能的提升。许多劳动模范之所以能够干出业绩，离不开他们在岗位技能上的不断修炼。

（4）激发工作热情与创造力。一个自我学习能力强的人，善于不断自我学习，不仅能调动自身的积极性，在思考与探索之中不断发挥个人的创造力，更能充分挖掘个人的潜能，使个体发展产生质的飞跃。对员工而言，自我学习是除旧布新的手段。自主学习新知识本身就是一种积极主动的行为，它不仅可以拓展思路，还能帮助员工超越岗位要求，创造性地开展工作，最大限度地展示个人才华，走向卓越。

在当今社会，创新型人才是单位的活力和发展动力。在岗位上，员工创造性地开展工作有利于提升效率、增加效益。做到这一点，需要员工不断提高自我学习能力，坚持自主学习，对工作中的具体问题可以举一反三。

在这个竞争激烈、科技日新月异的时代，优秀的员工不但要任劳任怨、吃苦在前，更要成为智能型人才。具体地说，就是要在工作中懂技术、抓学习，掌握本行业、本领域先进的科技和趋势，把握时代脉搏，创造性地开展工作。

显然，只知道埋头苦干而不善于自我学习和自主思考的人，很难在工作中拥有自己的一席之地。凡是在工作上有所建树，在岗位上有所成就的人，都是自我学习能力强，善于通过自我学习创造性地开展工作的人。

（5）实现岗位成才。岗位成才，是指单位员工根据本岗位的工作特点，为单位的发展进行创造性的劳动，作出应有的贡献。如在企业，岗位成才包含上岗资格培训、转岗适应性培训和升职提高培训，囊括了企业用人、达标上岗等的所有环节，是根据每个岗位从业人员的职务标准进行的一种制度化、规范化、全员化的培训方法。员工在进行自我提升时，应充分利用企业最佳的培训资源，结合自身优势，早日成才。在知识经济时代，员工需要随时开展自我学习，一边干一边学，不断完善自己。只有这样，才能掌握更多新技术，并不断增加自己的知识储备，从而拓宽自己的视野，提升自己。

（6）促进终身发展。今天，终身学习已经成为个人持续发展的保证。而一个没有自我学习意识的员工，很难在企业中获得更大的发展空间，更会让自己的职业生涯过早地止步。

对员工来说，在人生的每一个阶段、在任何工作岗位上，都需要百尺竿头更进一步，而这都有赖于强大的自我学习能力，有赖于通过自我学习获得前进的动力。在这里，自我学习就不仅是员工的工作需求，更是个人成长、发展的需要和核心竞争力的关键。

1.2 能力故事

一、麦肯锡注重学习

麦肯锡公司的发展历程其实不像外界看来的那么一帆风顺，在漫长的发展过程中一直受到来自行业内，诸如波士顿咨询集团公司等一些强大对手的竞争压力。但是，麦肯锡公司通过有效的知识管理和卓越的学习机制，培育公司的核心竞争力，与时俱进，在压力和挑战面前越战越勇，始终立于不败之地。

该公司从 1980 年开始就注重学习，把知识的学习与积累作为获得和保持竞争优势的一项重要工作，在公司内部营造一种平等竞争、激发智慧的环境。为了解决经验不能交流的问题，麦肯锡创办了一份内部刊物，专门供那些拥有宝贵经验却又没有时间和精力把这些经验整理成正式论文或著作的专家们，把他们的思想火花简单地概括出来，并与同仁共享。这种不拘形式的做法缩短了知识交流和传播的途径，使许多重要实用的新思想和新经验能够在短短一两页的摘要里面保存下来，并利于传播。在每一篇这样的短文后面，都附有关于作者的详细信息，便于对此有兴趣的员工按图索骥，找到可以请教的专家。这种灵活的交流方式不仅使有益的知识和经验在公司内得到有效的传播，激励创新和坦诚的交流，而且也有助于提高知识提供者的个人声誉，为他们在公司里的发展提供良好的环境和机会。这种自由选择的方式还有助于甄选真正富有价值的点子和思想。

20 世纪 90 年代以来，人类社会进入知识经济时代，环境的变革和组织的发展对每一家公司都提出了新的挑战，对于像麦肯锡这样知识密集型国际著名大型咨询公司来说，更是一场大的挑战。麦肯锡的领导者深知，只有继续致力于完善公司的学习机制和知识管理，才能适应知识经济时代所面临的严峻考验，在激烈的竞争中始终屹立不倒①。

☀ 思考与讨论

（1）迎接知识经济所带来的严峻挑战与竞争时，麦肯锡咨询公司是怎样进行战略选择的？

（2）利用专门的机构和专门的人员，耗费大量的时间进行思想火花的搜集工作，而且这些思想火花有好多不会有太大的价值。麦肯锡公司却乐意去做，而且坚持做了下去，你认为值得吗？

（3）结合案例，请你谈谈"学习"对于现代人来讲是否是必需的。

二、不甘平庸的张强

张强是一个学历不高，却志气不小的人。18 岁从技校毕业的他就来到了汉口一家国企

---

① 徐颂陶. 学习能力[M]. 北京：人民出版社，2005.

做了一名技术人员。由于对工作的高度热情和期望，表现突出的他很快成为企业中的模范。他在这个企业一干就是八年，默默坚守着自己的岗位职责。

后来，张强经人推荐去了一家合资企业。他满心欢喜地来到企业一看，才发现自己最擅长的岗位根本不需要人，只能跟那些刚毕业的学生一样，从最基层的工作开始做起。但是张强与其他员工的差别在于，他并不甘于平庸，在做最基础的后勤工作的同时，他还会在下班后留下来，一个人摸索、学习机器操作和工作流程。

张强的这一举动，被企业领导看在了眼里，他很快便从一名普通的技工变成一名技术员，为了胜任自己的工作，他还报名参加了相关的培训班。

再后来，张强又偶然得知一家著名外企正在筹建工厂，急需人才。张强不惧挑战，毫不犹豫地去企业应聘。当他发现竞争对手大都是年轻的高学历人才时，他并没有感到自卑，也没有轻易放弃应聘机会。他坚定地对考官说："我没有他们的学历，但是他们没有我的实力。"

如今，张强在这家外企不断得到重用，但是年近四十的他并不满足，他还在继续着自己的自主学习道路，向更高的目标发起冲击①。

思考与讨论

（1）自我学习对张强的成长发挥了怎样的作用？

（2）从张强身上你学到了什么？

三、孔子的学习语录

以下是一些对孔子有关"学习"的思想收录，并给予了相应的解析，请仔细阅读，认真领悟。

子曰：十室之邑，必有忠信如丘者焉，不如丘之好学也。（公冶长）

孔子博学是众人皆知的，人或以为他是天生聪慧而得的学问，孔子却要强调说这是他后天努力得来的。孔子自谓好学精神是别人不及的，其实也是孔子对后人的策勉，以这样的谦虚来激励世人：他并不是天生英明，而是努力学习得来的成就。

子曰：君子食无求饱，居无求安，敏于事而慎于言，就有道而正焉，可谓好学也已。（学而）

要论好学，就是要在做事中提升德性，为人服务。儒家的价值信念就是要为社会服务，因此有能力的人不是把力气放在自己的生活舒适的满足上，而是把力气放在做对社会有益的事情上面。谨慎与人应对进退，创造良好的社会互动气氛，使得事业易成。对于有德性者要乐于亲近，以他们的典范作为规正自己的标准，这才是好学的人。总之，学习就是为了服务，有能力就要为社会做事，终身学习就是终身做事，做对社会有益的事情，如此人的生命便有意义了。

子曰：君子博学于文，约之以礼，亦可以弗畔矣夫！（雍也）

学习各种知识技能之后就是要将其适当地运用出来，运用之际即要与人互动，与人互动之际即要达到我们的知识技能的使用能照顾到众人的整体利益，这就需要适当的礼节的节制。唯有使用知识技能时能顾及他人的利益，这样的使用才能有效，也才能让自己对知识

① 吴永生，刘伟.自我学习[M].北京：中国工人出版社，2012.

技能有信心，而不会变成用知识技能伤害社会的结果。这就是"博学于文"培养能力的意义。

子曰：君子不可小知，而可大受也；小人不可大受，而可小知也。（卫灵公）

有所学者即有所承担者，能承担才是君子，君子的价值不是表现在有多少知识、多少技能上的聪慧炫耀之间，而是在社会周遭有所需求时能加以承担，所以能学时要及时地学，有事时要有足够的能力可以承担，不思有所承担，只知炫耀才能则是不知学之要义，这种人只是生活在自己的小世界中。

子曰：学如不及，犹恐失之！（泰伯）

学了就要做，还没有做好就又学了新东西，这样是会让有责任感的君子心惊的，因为德性未熟，心中有愧之故。

连孔子这样的人才都不以为学已足够，都还要继续学习，并且更不敢自称君子、圣人及有仁德，由此可见人的一生，根本就是一个不停止地学习成长的历程。

子曰：诵诗三百；授之以政，不达；使于四方，不能专对；虽多，亦奚以为？（子路）

读了诗三百，学了文辞之美，却不能从事政务，要他出使他国却不能独立代表团体的立场、知道天下形势而做出正确的对应，这样的读书就是无效的。读书就是要为社会服务，就是要有做事的能力，不会做事不等于会读书，不能安定天下、经营组织就是白读书了。孔子对做事能力的要求是极为严格的。

子曰：可与共学，未可与适道；可与适道，未可与立；可与立，未可与权。（子罕）

学习要有宗旨，宗旨就是要有服务社会的意志，有了意志要能定着，要能定着就是意志要坚定而实力要足够，当能应付一方局面之时，则还要能处理大的变局，变局是时时会有的，故要能权变，权变亦有宗旨，是真为天下人共同利益之权变。

子曰：温故而知新，可以为师矣！（为政）

所学习的知识的背后就是做人的道理，道理就是思考的原则，原则就一定可以自己推演，可以推演才是学习有效果的表现，能温故而知新就是能理解知识背后的道理，理解通透者才可以教人，否则只能教授技艺。

子曰：吾尝终日不食，终夜不寝，以思，无益，不如学也。（卫灵公）

需要有知能的时候就要拿出力气来学习，而不是仅仅在空想。能力是在做事中学习锻炼的，学了就要做，做了才真会，学得愈多、做得愈多就会得愈多，这才是学习的要点。

子曰：学而不思，则罔；思而不学，则殆。（为政）

学习有两方面，一方面是意义的反省，一方面是知识的操作。意义的反省是思，思当然是很重要的，思才能明白道理，但是道理必须要实践，也就是要把学会的知识在生活中进行操作，有理解、有实践这才是学习的完整意义。光有操作却不理解知识使用的意义则会有迷惘的时候，光有反省却不能在生活中落实则所学也是白学的。

孔子曰：生而知之者，上也；学而知之者，次也；困而学之，又其次也。困而不学，民斯为下矣！（季氏）

生而知之者少矣，若有生而知之者只是才性纯厚，人都是学而知之者，学而难知则再学矣，此即困勉而学者，人都是学而知之及困而学之者，但仍有人困而不学，这就不可论矣，因为此人已丧失为人的价值，他的人生必是无所事事、毫无意义的。世人多困，困而不知学，只能总在迷惘中，做事多在困顿中，如何能不戮力学之。

子曰：三人行，必有我师焉；择其善者而从之，其不善者而改之。（述而）

我们在生活中时时都要与周围的人接触,公事不接触私事也要接触的,接触的时候只要我们用心观察,注意自己与他人的差别,就会发现这里头大有学问。别人有优点我就要注意到,就要学习;别人有缺点我也注意到,也要自己警惕不要犯了同样的过错,而不是见了别人为恶自己就不修善,或是见了别人的好就兴起忌妒之心从而思有以害之。

　　子曰:知之者,不如好之者,好之者,不如乐之者。(雍也)

　　学习是有目的、有意义的活动,要让学习者学到个人的人格内蕴,这才是真学,这样的学习便是轻松之至,不仅愿意学习,而且乐在其中,也就是日常生活都处在实践德性与进德修业的心安理得的乐境中。这样的学习当然是最有效果的学习①。

思考与讨论

　　(1)孔子是怎样看待和重视学习的?

　　(2)孔子是怎样将学习运用于实践和为人处世的?

　　(3)孔子认为怎样做,才能做到在学习中提高?

四、在学习中成为优秀员工

　　2008年,"贵州省突出贡献高技能人才"和"中国航天基金奖"这两项荣誉颁给了同一个人,他就是在铸造技术方面具有独特才能并获得卓越成绩的毛腊生。

　　1977年,刚刚初中毕业的毛腊生进入铸造工厂工作。由于学历有限,刚进厂的他就连看图纸都感到异常的吃力。尤其是当他面对那些形状复杂、风险极大的器械时,他愈加感到了自己与他人的巨大差距。但是,性格倔强的毛腊生并没有自暴自弃,而是下定决心刻苦学习,主动向同事请教铸造知识和技术,总结工作经验。凭借着孜孜不倦的学习精神,毛腊生不仅在铸造技术方面有了质的飞跃,而且熟练地掌握了很多技术理论。因此,毛腊生很快就成为了工厂里的技能精英,获得了工厂领导的赞赏。

　　面对成就,毛腊生没有骄傲,更没有放弃自主学习的习惯。他开始不断为自己设定更远的目标,又不断地通过自主学习提高技能。后来,毛腊生先后参与了数十个铸造项目的技术革新。如"6号镁合金新材料的开发"和"无毒型砂及防燃保护剂的研制与应用"这两个项目,都获得航天工业部颁发的科技进步二等奖②。

思考与讨论

　　(1)结合本案例谈谈自我学习对员工职业成长有何意义?

　　(2)本案例对你有何启示?

五、能人杨建华的自我学习

　　杨建华是一名鼓风机厂的普通工人。年少时的他为了实现自己的理想,初中毕业后就投身到了他热爱的事业中去,成为了鼓风机厂的工人。进入工厂后,他开始利用一切时间

---

① 徐颂陶. 学习能力[M]. 北京:人民出版社,2005.
② 吴永生,刘伟. 自我学习[M]. 北京:中国工人出版社,2012.

和机会学技术，晚上自己在家学展开、放样等基本功，每天早上早早到工厂练习电焊、铆工等技术。借来的专业书都快被他翻破了，他依照书上图形制作出的纸模型已经装了好几麻袋。

几年下来，杨建华的铆工技术已经到了炉火纯青的境界。在工厂里举行的技术理论大赛上，杨建华总是能获得满分。

除了在专业技术方面有着强烈的自我学习兴趣，杨建华在平日的工作和生活中，也保持着超乎常人的学习习惯和热情。他总是随身带着一个笔记本，里面详细记录着他所遇到的一些细节问题和解决方法，并且每隔一段时间就会把它们系统地总结、整理出来。多年下来，他整理的笔记有近百万字。

工作中的杨建华总是处于一种不断学习、不断总结和提高的状态，他的自我学习精神不仅让他成为了"中国焊接机壳拼装第一人"，也让他蜚声国际。有人统计过，在过去的一年当中，杨建华所做的工艺革新足有数百次。杨建华自主学习、爱岗敬业的精神也鼓舞了企业里的其他员工[①]。

☀ 思考与讨论

（1）自我学习怎样成就了能人杨建华？

（2）本案例对你有何启示？

1.3 能力训练

一、学习意识等的测试

以下 70 个问题是关于学习意识、毅力与合作精神等的测试。请结合自身情况如实回答：是（√）或者否（×）。然后对照答案，明确学习意识、毅力与合作精神等的正确要求。

1. 你认为学习是个"苦差事"吗？

2. 你经常留意一些新的思潮吗？

3. 你担心自己被时代淘汰吗？

4. 你会为出现了新的改变而高兴且由衷地满足吗？

5. 当你在工作中运用了一些从来没人尝试使用过的想法后，你会担心出错吗？

6. 你乐于接受别人的构想吗？

7. 你的构想受到质疑，你会妥协让步吗？

8. 当学习时间根本无暇保障时，你是不是开始中止自己的学习计划呢？

9. 你提出的新方案有人反对时，你会勃然大怒抑或悄然退却吗？

10. 缺乏相关的学习资源会使你的工作受到妨碍吗？

11. 你认为对已有的惯例提出批评，是你该做的吗？

12. 你容易提出别人想不到的想法吗？

---

① 吴永生，刘伟. 自我学习[M]. 北京：中国工人出版社，2012.

13. 你鼓励下属交换学习体会吗？

14. 你曾多次组织或积极参加培训吗？

15. 你会很明显地表现出自己重视学习能力吗？

16. 在你自己的专业领域内，你能同时对一件事情的处理方法有多种构想吗？

17. 遇到问题时，你是主动组织大家共同发掘问题的所在吗？

18. 你为自己定下明确的学习目标了吗？

19. 你会为增进团体融洽、和谐的学习气氛以使整个环境更具生命力而努力吗？

20. 你能指出谁具有创造性的贡献并适当加以奖励吗？

21. 当新的文件、新的精神下达时，你会积极地组织大家学习吗？

22. 你会主动了解他人的学习所得吗？

23. 你欣赏有学习能力的下属吗？

24. 你会保护具有新想法的人，以使他们不被伤害吗？

25. 当你作为负责人，下属提出他们的构想且对组织有利时，你会将构想提交给更高的管理层吗？

26. 你会主动寻找接受培训的人谈培训体会吗？

27. 别人的恶意批评，会使你很快就沮丧并放弃自己的初衷吗？

28. 你积极奖励提出新方法的下属吗？

29. 在过去一年里，你已经施行了很多关于学习的新构想吗？

30. 因新构想没被上级领导采纳，你会就此逃避吗？

31. 下属为没有被你通过的新构想而不小心顶撞了你，你会耿耿于怀吗？

32. 你会经常提供学习所需的新资源吗？

33. 你所在的部门中，学习气氛很浓厚吗？

34. 你能否将所学很好地融入到工作中吗？

35. 你善于在自己已学知识的基础上结合新的先进理论形成新的想法吗？

36. 你听说过彼得·圣吉的《第五项修炼》吗？

37. 你会害怕始料不及的状况吗？

38. 你觉得你很难接受秩序的混乱吗？

39. 你喜欢恬静的生活而不愿意接受挑战吗？

40. 你能很好地处理讨论中纷争的局面吗？

41. 你能很快觉察某个方案行不通吗？

42. 你能很快地指出一个主意为何行不通吗？

43. 当团队中出现不好的学风时，你能觉察到吗？

44. 你离开时，下属能一如既往地坚持主动学习吗？

45. 根据一份总结，你能识别出善于学习的下属吗？

46. 你会及时奖励下属的进步吗？

47. 你会提拔有很强的自觉学习能力且善于运用所学知识的人吗？

48. 你会积极采纳有价值的建议和构想吗？

49. 对于未来的改变，你能预见到一些不可避免的困难，并事先想出解决问题的办法吗？

50. 你曾经在会议中针对某项很棘手的事情，提出过自己的看法吗？

51. 你会定期举行会议来检测大家的学习进度吗？

52. 对于会对全体工作或士气产生一定影响的事务，如工作成果、人事变动等，你会妥善地向部门全体工作人员说明吗？

53. 你所在的部门有明确的学习目标吗？

54. 你会熟练地使用计算机吗？

55. 你会使用各种文字处理程序及绘制电子图表吗？

56. 你熟悉公文的写作吗？

57. 你经常去图书馆吗？

58. 你经常看报刊吗？

59. 你经常上网，并在如官方网站的论坛发表自己的看法吗？

60. 你常常为相关的学习资料不足以满足自己的学习需求而苦恼吗？

61. 在学习新文件或新思想时，你会在组织所发培训资料以外再买相关辅导书吗？

62. 你对组织要求学习的文件不感兴趣，对吗？

63. 当图书馆的书籍太少，你感到不能学好某一新知识时，你会想方设法在书店或者外地定购最新的相关书籍吗？

64. 你把公文写作的事情全部推给下属，而仅仅负责批复吗？

65. 看到感兴趣的文章或思想时，你会及时下载或是摘抄下来吗？

66. 你每天坚持看新闻联播吗？

67. 你具有每天做工作总结的习惯吗？

68. 你会为自己的一点小进步而感到骄傲和欣慰吗？

69. 有感想时，你会随时随地用笔记录下来吗？

70. 你不以向比自己年轻的人请教为耻，对吗？

以上问题符合下列答案者得 1 分

【答案】

1. × 　2. √ 　3. √ 　4. √ 　5. × 　6. √ 　7. × 　8. × 　9. × 　10. × 　11. ×

12~26. √ 　27. × 　28. √ 　29. √ 　30. × 　31. × 　32~36. √ 　37. × 　38. ×

39. × 　40~61. √ 　62. × 　63. √ 　64. × 　65~70. √[①]

二、提高自我学习能力的科研训练

组织学生积极投身科学研究是提高自我学习能力和创新能力的一条重要途径。具体可以按照以下步骤开展：

1. 专业培训

开展专题学术讲座、技术辅导和聘请专业教师座谈等多种形式的专业培训，引导低年级学生参加高年级学生的开题报告、学术报告、论文写作方法讨论、毕业论文答辩等，参与

---

① 徐颂陶. 学习能力[M]. 北京：人民出版社，2005.

教师的科研实践活动，创造浓厚的科技创新氛围，激发学生的创新意识，使学生能够主动地吸收知识、发现问题并大胆地去解决问题。

2．团队构建

按照专业和兴趣，学生自发组成课外科技创新小组，围绕特定的课题项目或教师的项目而组建团队，建立大学生科技活动与毕业实习和毕业论文（设计）有效结合的机制，有科研课题的教师将子题目作为课外科技活动内容交与大学生完成。鼓励大学生跨学校、跨院系、跨学科组成兴趣小组。

3．申报计划课题

在研究方案的确立、实验步骤的实施、论文撰写的过程中，由学生自主策划、实践，制定实验路线，明确课题的研究现状、内容、意义及国内外同类工作的现状，制定课题研究进度安排及所用经费预算等，培养和锻炼学生的综合素质和实践能力。

4．教师指导平台的建设

教师的积极支持是开展大学生课外科技创新活动的保障。导师吸纳学生参与教师科研课题，进行各专业方向及前沿技术的介绍，定期举行课题辅导，通过复合型培养途径，指导学生进行科技创新学习和实践活动，渐进地完成创新学习和锻炼。

5．加强产学研合作

开展多样化的科技创新活动，构建新型校企协作关系，开展合作、共建实验室，进一步提高大学生科技创新能力培养的实用性，使学生更快更好地具有创新意识和市场竞争意识。

6．管理制度建设

建立创新活动组织体系、管理与执行队伍，以保证课外科技活动开展的有序性。通过制定各项课外科技活动评价与奖励办法，形成相应的学生奖励、指导教师奖励、院系奖励等激励机制。还要采用激励淘汰机制，对学生的创新学习过程进行全程追踪管理[①]。

拓展阅读：学习的三个层次

1．第一层次：书本知识的学习

这种学习主要是指学生以被动和间接的形式按照学校的计划和组织完成既定的学习任务，主要是课堂听课、课后复习、完成作业、最后通过考试。在这一学习层次下，大多数学生对于所学知识的掌握仅限于浅层的记忆和理解，在这些知识没有被反复应用的情况下，会很快出现遗忘现象，最终能够内化为行为、能力以及心理倾向的相对持久变化的部分非常少。因此，满足于将学习停留在这个层次上的同学，就算取得了较好的考试成绩，其意义终究也不大。

2．第二层次：技能的训练

所谓技能的训练是指通过直接或间接的学习，获得经验并用这种经验对自己的行为和

---

① 徐艳岩，安郁宽．以科研训练提高医学生自主学习和创新能力[J]．教书育人，2014(10)．

能力进行有目的的改变或改善。在这个层次的学习中，学习方式开始有所改变，除了间接地吸收书本或已有经验以外，学习者开始从日常的生活实践中获取直接经验。而且此时他们能够将已学的知识进行初步应用，进而使知识得到巩固、内化为自身的行为能力和技巧。如果学生能在日常学习中自觉地进入第二层次，他们在学习内容上将会有所扩展，学习态度也会更加积极主动，学习效果自然能提高一个档次。主要表现为：其一，在学习内容上，学习者除了以一种理解、应用的方式进行学校计划内课程学习之外，开始有意识地根据自己能力发展的需要自行寻找相关书籍学习。而且他们会热衷于各种形式的实践活动，从专业实习、社会实践到大学生社团活动等，在实践中一方面验证自己所学的间接理论知识，另一方面开始直接向一些有经验的长者或通过实际操作学习直接经验、知识。其二，从学习态度上，学习者会因为实践而面临新的问题，从而派生出新一轮的学习，这时的学习态度就会变得相对主动。其三，从学习方式上，学习者会逐渐地注意到学习和掌握实践中的直接经验，学习方法逐渐呈现多方位、多层次的发展趋势。

3. 第三层次：思维和观念的蜕变

所谓思维和观念的蜕变是指将已获得的知识和经验，内化为行为和能力以后，再进一步内化为学生们的心理倾向，最终表现为个人思维能力和哲学观念的蜕变。这其中包括学生的人生观、世界观、价值观的形成，以及学生对认识论、方法论范畴技巧的掌握。从一定意义上说，所有的学习最终都会自发对学习者的思维能力、哲学观念有所影响。这一说法在现实中很容易得到验证：理工科的学生普遍逻辑推理能力较强，行事缜密；做人过程中理性成分多于感性成分，做事过程中步骤简单明了，但常有失灵活。文科的学生感情充沛，表达能力强，但常会有逻辑思维较弱的缺点，工作中冲劲大，开创性强，但常会有后续步骤紊乱，计划安排失当之缺点。从中我们不难看出，由于长期禁锢于某一个领域的学习和研究，不同专业和学科的学生在思维能力和哲学观念上常会被打上明显的学科烙印，因此形成的人生观、世界观、价值观往往不全面、不完善，相应的认识论、方法论技巧等也掌握得不够全面。这些隐性的思维能力和哲学观念上的欠缺常常会在无形中影响着学生日后的发展，乃至人生道路的进程。因而恰是这一层次的学习对人生的影响最大，也只有体会到这一层次的学习，才会真正学会举一反三[①]。

课 后 练 习

1. 自我学习和自学是一回事吗，为什么？

2. 你的自我学习能力如何？你准备如何提高自我学习能力？

3. 著名科学家贝尔纳说："构成我们学习的最大障碍是已知的东西，而不是未知的东西。"请谈谈你对这句话的理解。

---

① 王俊玲，齐祥明. 论大学生学习的三个层次[J]. 山东省青年管理干部学院学报，2009(11).

任务 2　自我学习规划

吾生有涯，而知也无涯，以有涯随无涯，殆已。

——庄子

对于攀登者来说，失掉往昔的足迹并不可惜，迷失了继续前进的方向却很危险。

——佚名

训练目标

(1) 了解制定自我学习目标的原则；
(2) 掌握选择自我学习目标的主要方法；
(3) 了解学习规划的组成；
(4) 明确自我学习规划的步骤；
(5) 掌握自我学习规划的方法；
(6) 能够执行自我学习规划。

2.1　能 力 基 础

美国著名的未来学家阿尔温·托夫勒(Alvin Toffler)说："未来的文盲不再是目不识丁的人，而是那些没有学会怎样学习的人。""学会学习"不只是方法论的问题，而且也是认识论的问题。联合国教科文组织于 1976 年召开的第 19 次全体会议上提出了"终身学习"的思想，从而为建立学习型社会开辟了道路。1979 年，国际著名学术团体罗马俱乐部(Club of Rome)发表名为《学无止境》的研究报告，报告认为，我们的学习方法是令人震惊的落后，这种状况使个人和社会在对付全球问题所提出的挑战方面，都未能做好准备……学习的失败从根本上说是我们一切问题的根源。因为这种失败制约了我们对付其他问题的能力[①]。所以我们在人生的每个阶段都要设定不同的学习目标和学习规划，并根据自身的特点按阶段逐步完成学习计划，达到学习目标。

一、制定自我学习目标的原则

制定自我学习目标是自我学习规划的前提。那么，怎样制定自我学习目标呢？这首先

---

① [美]詹姆斯·博特金等著,林均译.回答未来的挑战:罗马俱乐部的研究报告《学无止境》[M].上海:上海人民出版社,1984:20-21.

要把握相关原则。

1. 学习目标

明确学习目标是做好学习规划的基础。确立适当的学习目标是学习成功的起点，是提高学习积极性、自觉性和效率的关键。没有学习目标，就好比一片树叶在大海中随浪漂流，没有归宿。

我们要对自己的学习做好规划，有所设计，有所遵循。如果学习目标现实可行，那么每一天都会过得很充实，学习目标越明确、越合理、越具体，则越有益于成功。

学习目标明确主要在于学习任务具体化、系统化，使学习任务具有质和量的规定性，在实施过程中，便于个人自我检查、调整和监控。学习目标的确定受多种因素的制约和影响，比如个人的兴趣爱好、社会需要及自身的主客观条件等。

2. 建立学习目标的基本原则

建立科学合理的学习目标，应遵循以下基本原则[①]：

（1）需求性原则。它是指学习目标的确立必须适应社会发展的需求，并将其作为确立学习目标的首要原则。青年一代是国家未来的人才，是民族的希望，承担着实现现代化建设宏伟目标的重任，必须根据社会的需求来确立自己的学习目标，了解社会对各类人才的需求。如果不考虑社会发展的需求，完全只顾个人的兴趣爱好，就有可能使自己的学习与社会需求之间产生较大的距离，甚至脱离时代的潮流而难以适应社会。

需求性原则要求我们应该关注社会发展并在此基础上进行一定的预测和判断，放眼未来，立足于发展，善于把社会需求与自己的个性发展相结合，并以此确立自己的学习目标。

（2）可行性原则。它是指在确立学习目标时，应该使学习目标具有合理性，从自身实际出发，既要知己所长，也要知己所短，做到切实可行。由于每个大学生所处的生活环境、学习条件和自身素质不同，确立学习目标时，应尽量对自身有一个比较清醒的认识和科学的分析，努力做到实事求是，把目标建立在切实可行的基础上。否则，如果目标定得过低，轻易即可达到，将丧失目标的激励作用；反之，目标定得过高，束之高阁，也只能是纸上谈兵，无法实现，同样也达不到预期的效果。

可行性原则要求我们应该了解个人培养目标的总体要求，了解自己所学专业课和文化课的基本要求及特点，了解自己现有的文化基础和经验水平，了解自己可能利用的时间和精力，了解自己具有哪些优势和劣势，等等，从实际出发来确定学习目标。

（3）渐进性原则。17世纪捷克著名教育家夸美纽斯曾这样说过："一切事物经过一定阶段的发展，使一个阶段能为下一阶段铺平道路，每一阶段都自然而然地跟随上一阶段。"对于自我学习，也是如此。因此我们应把学习目标分解成若干个阶段性目标，划分为几个步骤，一步一步地实现。合理的学习目标，应是一个在总目标指导下的目标体系，这个体系是多层次的、渐进的，目标体系中有很多具体目标，具体目标与总目标之间应该是不断递进的关系。

渐进性原则要求我们在建立学习目标的同时，应该分清主次目标，建立一个循序渐进

---

① 刘智红、刘永红. 大学生学习素养[M]. 北京：清华大学出版社，2014：131-132.

的学习目标体系，通过努力逐步实现。

（4）全面性原则。学习目标的建立还要注意体现德、智、体、美的全面发展，体现能力和素质的结合。在学习上，虽然我们有时在某些方面可以有所偏重，但是不能偏废，完全忽视某一方面将会使我们远离全面发展的宗旨。著名建筑学家梁思成先生曾告诫我们：文、理科教育的分家会导致人的片面化、畸形化，是一种"半人教育"，会使人的"单维性"更加严重。今天，科学与技术强有力地推动了社会和人类的发展，社会更需要全面发展的人才，我们也只有全面发展，才能适应社会发展的需要。

全面性原则要求青年人重视马克思提出的人的全面发展目标，面对现实，面对未来，把自己培养成为全面发展的人才，为建设社会主义事业作贡献。

（5）创新性原则。我们在确立学习目标时，创新进取应作为一条不容忽视的基本原则。特别是在专业课学习目标的确立上，要有开创精神，目标不应只停滞在学好前人积累的知识和经验上，要勇于探索，大胆实践，要把创造性目标明确地提出来，力争在若干年之后，在所学领域有所建树和创新。只要我们不断地丰富知识和积累经验，开阔自己的视野，充分调动自己的思维和想象力，培养自己的实践操作能力，就一定能取得创造性的成果。

创新性原则要求大学生在学习的基础上，树立创新意识，拓展创新思维，争取在自己的学科领域里有所创新，推动学科的发展。

二、选择学习目标的主要方法

学习目标的选择不仅要有充分的主客观依据，而且还要讲究科学的方法。下面介绍几种常用的选择方法：

1. 区内选择法

所谓区内选择法，就是在自己所学专业或学科区域内，选择其中一个感兴趣的小领域为进攻目标，如图 2-1 所示。

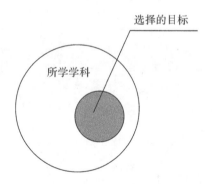

图 2-1　区内选择法

这种方法比较符合高等学校人才培养模式的实际，其优点是可充分利用自己所学专业的基础知识，集中优势突破一点。选择的目标可以是所学专业领域中的理论问题、工程技术问题、实验技术问题，也可以是管理问题。例如，学心理学的选择"大学生心理发展规律"作为研究方向，学管理的选择"市场营销的战略与策略"作为研究课题，学计算机的选择"体系结构"作为研究领域等。

2. 横向选择法

所谓横向选择法，就是从自己所学的学科横向联系到另一个学科领域，从中找到一个新的研究方向，选择一个目标突破，如图2-2所示。

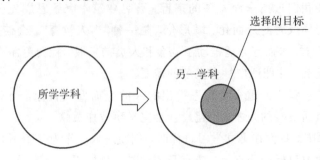

图2-2　横向选择法

例如，学化学的研究药学，学数学的研究计算机。这种选择目标的办法，是一种开放式的方法，以原来所学专业为基础，转移另一专业，寻找新的突破口。

3. 边缘选择法

所谓边缘选择法，就是在一门学科与另一门学科的边界处，选择一个较小的领域作为目标突破，如图2-3所示。

选择的目标可以是两门成熟学科的相互渗透，也可以是用一门学科的理论方法去研究另一门学科。例如，生物信息学、物理化学的诞生就是如此。但是，运用这种方法，必须在具备两门相关学科知识的基础上进行。

4. 立体选择法

所谓立体选择法，就是在若干学科的基础上立体设计，选择一个综合性的目标进行突破，如图2-4所示。

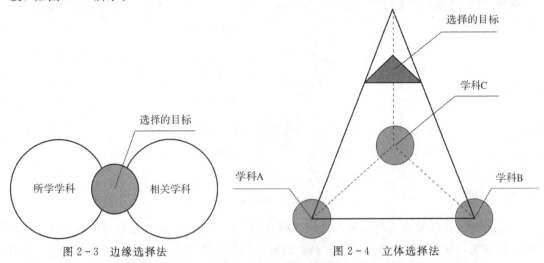

图2-3　边缘选择法　　　　　图2-4　立体选择法

例如，社会生物学的诞生正是如此，它是通过研究生物的起源、发展、生物和环境的关系等多个相关学科来研究生物界和社会的规律。又如对环境的研究，综合运用生物、地理、化学、物理、医学、工程学、数学、法学、经济学等学科的知识和技术，从而形成环境科学。这是一种难度更大的选择方法，要求运用这种方法的人具有宽厚、扎实的基础知识，懂得多门学科知识，并有高度的概括能力。

以上所列举的选择方法是最基本的方法，具体到每个人的目标选择时，采用哪种方法，主要根据每种方法所需的客观条件和自身所具备的可能性而定。

目标一经选定，应该保持其相对稳定性。同时，在执行过程中还要注意收集反馈信息，根据新情况，对目标进行自我调节。它包括目标方向的调节和目标层次的调整。之所以要调节，可能是当初对自我定位不够清晰准确，或者是对自己的估计偏高或偏低，也可能是对大学的特点和情况不大了解，或者某种因素的干扰而使自己所确定的目标偏高了，从而未能达到预计的水平，还可能是主客观条件起了变化。当然，这些自我调节应该是有方向性的，那就是使自己的主动性更高些，达到尽可能高的目标，使各方面变得更为完善。

三、学习规划的组成

学习规划是在一定时间内，为完成学习任务事先做出的明确具体的安排，它是学习行动的纲领。学习规划通常由学习目标、课程选修、时间安排、学习进程四个部分组成[①]。

1. 学习目标

学习目标是制定学习规划的起点，也是学习规划所要达到的结果。尤其是对自我学习而言，制定明确而清晰的自我学习目标，并不是一件简简单单的事。

2. 课程选修

课程选修是根据专业教学计划和自我知识能力素质结构的要求及自我实际情况做出的计划安排，是形成具有自我智能结构特色的具体实施步骤，是学习计划的基础。具体来讲，要处理好必修课与选修课的比例关系。大学课程设置一般分为三类：必修课、指定选修课和任意选修课。修满规定的学分即可毕业。

在课程选修中还应遵循以下原则：

（1）以指导性教学计划为依据。学生要依照指导性教学计划，听取导师意见，合理选修课程，安排好选修的时间和顺序。学生每学期选修学分的多少应根据学生的学习情况和学习能力，按学校每学期的学分规定，由学生自己提出。

（2）学生可自主选择专业方向。学生在修完基础学科以后，可根据个人意愿和社会对专业人才的需要及办学条件，自主选择专业方向。

（3）选课时，要首先保证必修课。有严格的先修后修关系的课程应先选修先修课，再选修后修课。

3. 时间安排

时间安排主要对计划内和计划外的时间安排（即课内学习与课外自由支配时间的安排）按大学本科 4 年时间分配，大体如下：教学时间每学期 18 周，复习考试时间 2 周，4 年共 160 周，生产劳动、军训、假期 32.5 周。还有的学校实行一年三学期制，学期教学周数有所不同。

---

① 刘智红，刘永红. 大学生学习素养[M]. 北京：清华大学出版社，2014：138.

4. 学习进程

学习进程是指对学习内容的先后顺序的安排。一般是根据教学计划的进度来安排自己的学习进程。但对于超教学进程的学习，如提前选修课程、攻读双专业或主辅修专业、缓修、免修等，学生可根据自己的情况和需要安排学习进程。学生修满学分可提前毕业；未修满学分可推迟毕业。学制为4年的，一般可延长到6年。

四、自我学习规划的步骤

自我学习规划包括选定学习规划、强化学习规划、分解学习规划、评估与反馈学习规划、激励与惩罚六个方面①。

1. 选定学习规划

首先，分析自己的兴趣爱好，认定自己想干什么。兴趣是理想产生的基础，兴趣与成功几率有着明显的正相关性。要择己所爱，选择自己喜欢的专业方向和研究领域进行钻研和学习。其次，分析自己的能力、特长，确定自己能干什么。能力是人的综合素质在现实行动中的表现，是正确驾驭某种活动的实际本领、能力和熟练水平。能力是实现人的价值的一种有效方式，也是支配人生命运的一种主导性的积极力量。因为任何一种职业都要求从业者掌握一定的技能，具备一定的条件，所以结合自己的兴趣爱好，在认定自己想干什么的基础上确定已经具备的能力和应该培养的能力。再次，分析未来，确定社会要求干什么。着眼将来、预测趋势，立足于社会不断发展变化的需求。避免盲目跟风，因为最热门的并非是最好的。选择社会需要又最适合发挥自身优势的专业方向和研究领域才是最好的。最后，要把自己的兴趣爱好、能力特长同社会需要结合起来，把想干什么、能干什么、社会要求干什么有机地结合起来。几方面的结合点和联结处正是我们自我学习规划选定的关键所在。

2. 强化学习规划

当学习规划选定以后，很多大学生或者束之高阁或者虎头蛇尾，结果导致有了学习规划却不能实施或实施后不能持久，最终无法实现既定的自我学习规划。这些现象的出现是因为大学生在制定学习规划时缺少一个重要环节，即对学习规划的强化。强化学习规划就是规划执行者在执行之前充分运用想象力，详细罗列出达成学习规划的好处，从而培养出积极的心态，进而增强动力、产生强大的执行力，确保学习规划的顺利完成。

3. 分解学习规划

学习总目标制定出来以后，要能自上而下地分解，即制订学习计划。以专科三年为例，可以按照以下的思路进行：三年的总学习目标——各年的学习目标——每学期的学习目标——每个月的学习目标——每周的学习目标——每日的学习目标。使得学习规划落实到学习生活的每一天，确保学习规划的严格执行。

4. 评估与反馈学习规划

在实施过程中，要及时地对环境和条件做出评价和估计，对自己的执行情况做出评估。

---

① 李洪. 职业生涯规划理论与实务[M]. 北京：人民出版社，2014：29-30.

由于现实生活中种种不确定因素的存在，学习规划的设计必须具有一定的弹性，因此评估结果出来以后应进行反馈，以便自己及时反省和修正学习目标，变更实施措施与计划。同时应做到定期评估与反馈：每年、每学期、每月、每日进行检查评估与反馈，进而分析原因与障碍，找出改进的方法与措施。

5．激励与惩罚

激励措施能将人的潜能和积极性激发出来，惩罚可以防止惰性的产生。一定要制定出完成阶段目标后对自己的奖励和未完成的惩罚措施：完成后怎样奖励自己，完不成将怎样惩罚自己，都是自我学习规划的一个环节。

五、自我学习规划的方法

大学生应该怎样对自己的自我学习规划进行设计？计划赶不上变化，如果不能实现自己的规划时，该怎么办？有关学习规划，专家给出了切实可行的建议[①]：

1．明确学习目标

在学习生涯中，人生的学习目标有短期目标和长期目标，而且在一定时期还有可能对学习目标提出一定调整。大学生应当尽快确定自己的学习目标。打算成为哪方面的人才，打算在哪个领域成才等，对这些问题的不同答案不仅会影响个人学业生涯的设计，也会影响个人成功的机会。

2．正确分析自我和学习

自我分析即通过科学认知的方法和手段，对自己的学习兴趣、气质、性格、能力等进行全面认识，清楚自己的优势与特长、劣势与不足。自我分析要客观、冷静，不能以点带面，既要看到自己的优点，又要面对自己的缺点，避免设计的盲目性。

学习生涯规划时，要对该学习所在的行业现状和发展前景有比较深入的了解，比如人才供给情况、平均工资状况等。不同职业岗位对求职者的自身素质和能力有着不同的要求，在学习生涯设计时，还要了解所需要的学业素质要求，除了解所需要的一般能力外，还要了解所需要的特殊职业能力。

3．构建合理的知识结构

在学习生涯规划时，大学生要能够根据职业和社会不断发展的具体要求，将已有知识科学重组，构建合理的知识结构，最大限度地发挥知识的整体效能。如今的社会对未来人才的知识综合性结构提出了更高的要求，要求大学生既能很好地适应社会需要，又能充分体现个人特色，既能满足专业要求，又有良好的人文修养，既能发挥群体优势，又能展现个人专长。构建合理的知识结构没有捷径可走，只能是学习和积累，采取适合自己的科学方法，持续不断地付出艰辛的劳动，勤奋学习。

4．培养职业需要的实践能力

综合能力强、知识面广是用人单位选择大学生最主要的依据。大学生应重点培养满足

---

① 李洪．职业生涯规划理论与实务[M]．北京：人民出版社，2014：31.

社会需要的决策能力、创造能力、社交能力、实际操作能力、组织管理能力和自我发展的终身学习能力、心理调适能力、随机应变能力等。

5. 参加有益的学习训练

当前，大学生进行的学习训练较少，即使是学习测评，也只有少部分人开始运用它为自己学习设计作参考。目前，高校组织大学生参与的暑期"三下乡"活动、青年志愿者活动、毕业实习、校园创业活动等都是学习训练很好的形式。在这方面，高校应鼓励有条件的大学生利用假期实习，从事社会兼职工作，组织学生开展模拟性的学习实践活动，开展学习意向测评，开展学习兴趣分析测评等。

六、自我学习规划的执行

在执行学习规划的过程中，应做好以下几点[①]：

1. 贵在坚持

坚持是意志力的完美表现。把学习规划安排变成现实，必须有坚持到底的毅力和恒心。在实施规划的过程中，可能会出现一些新的情况和问题，决不能因此半途而废，要善于排除干扰，要有自我控制的能力。世界上没有任何东西可以取代坚持不懈。

2. 勤于检查

在实施自我学习规划过程中，一定要勤检查，要有检查制度。比如每天晚上睡觉时回想一天的学习计划执行情况，一个阶段作一次阶段检查，学期结束要作总结性检查。通过检查发现问题，并及时纠正。这是保证学习计划切实执行的组织措施，也是自我控制的有效方法，切不能糊糊涂涂地混日子，到时算总账，问题成堆，欠账不少，就悔之晚矣。为了便于督促检查自己学习规划的执行情况，自己可以设计表格，做好自我学习的记载。

3. 适时调节

即使是考入大学的新生，在经过一段时间的学习和思考、对周围的环境渐渐熟悉后，也能慢慢适应大学的学习和生活。但是，在实施自我学习规划的过程中，还会遇到一些意想不到的问题，如发现问题应该及时调整、及时解决。大学生应随着教学安排及其变动对自己的学习时间作出调整。如果自我学习中出现的一些困难和问题需要花较长的时间去解决，也应及时作出调整。

总之，执行自我学习规划，应根据学习变化的情况求平衡、求稳定，最终保证自我学习规划的完成。

2.2 能力故事

一、让心灵提前到达我所想去的地方

20 世纪著名的美国探险家约翰·戈达德，15 岁写下《一生志愿》，127 个目标，过了 44

---

① 刘智红、刘永红. 大学生学习素养[M]. 北京：清华大学出版社，2014：140.

年，他实现了其中的 106 个。

小时候的他，每当空闲的时候，总会拿出在他 8 岁那年祖父送给他的生日礼物——一幅已卷了边的世界地图看。

15 岁那年，这位少年一口气写下了 127 项人生的宏伟志愿：要到尼罗河、亚马逊河和刚果河探险，要登上珠穆朗玛峰、乞力马扎罗山和麦金利峰，要驾驭大象、骆驼、鸵鸟和野马，要探访马可·波罗和亚历山大一世走过的道路，要主演一部《人猿泰山》那样的电影，要驾驶飞行器起飞降落，要读完莎士比亚、柏拉图和亚里士多德的著作，要谱一部乐曲，要写一本书，要拥有一项发明专利，要给非洲的孩子筹集 100 万美元捐款，等等。

毋庸置疑，这是一场马拉松式的人生征程。60 岁时，他经历了 18 次死里逃生和难以想象的艰难困苦，已经完成了其中的 106 个目标。他常说的一句话是：我决不放弃任何一个目标，一有机会我就出发。当有人问他是什么力量促使自己成功时，他轻松地回答："很简单，我只是让心灵提前到达我所想去的地方，这样，我就浑身充满了前进的力量。接下来，就只需跟随心灵的脚步迈进了①。"

思考与讨论

（1）"让心灵提前到达我所想去的地方"是多么有诗意的回答，那个"地方"指的是什么？

（2）本案例对你还有何启示？

二、5 岁的人生目标

高倩 5 岁定人生目标，一定进哈佛读法学院，将来做律师。在父亲高燕定的精心培养和自己的执着努力下，她一步步迈向了美国最著名的两大学府——从哈佛大学毕业，马上被哥伦比亚大学法学院录取，预计 25 岁就可以获得法学博士学位。

（1）5 岁开始规划——长大要上哈佛，学法律，当律师。

（2）树立目标后，调整学习方向，培养相应的能力和素质。

（3）基本职业素质——初中培养语言能力，能够说英、法、西、汉四种语言。

（4）高中加入了商业与法律交叉的专业设计，学习和了解经济与商业，暑假还到大学修经济学。

（5）在兼职和社会活动方面，力求与职业相吻合。（卖过珠宝、应聘成为市少年法庭的律师、参与审判未成年罪犯，在高中，参加模拟法庭审判比赛。）

（6）进入哈佛大学后任《哈佛深红色》报社的商务主管。

（7）哈佛大学毕业的同年，进入哥伦比亚大学法学院攻读法学博士。

（8）在法学院第一年的暑假，进入美国顶尖律师事务所工作；先后担任两个法学期刊的编辑，包括全美最高法学专业期刊哥伦比亚《法学评论》的编辑、编委，对包括美国在内的世界各国法学教授、专家投寄来的论文拥有是否采用及编审的大权。

（9）23 岁读法学院二年级时独立撰写的论文被哥伦比亚《法学评论》接受发表；不到 25 岁就可以获得法学博士学位，这是法学院博士生入学的平均年龄！②

---

① http://blog.sina.com.cn/s/blog_4aff88700100ywv3.html.

② http://www.duanwenxue.com/article/126399.html.

思考与讨论

（1）5 岁定的人生目标对高倩以后的成功有何影响？

（2）本案例对你还有哪些启示？

三、网络游戏的诱惑

米明现在是华南理工大学大二的学生，曾经以优异的高考成绩获得学校的新生奖学金，但是现在他却面临着退学的境地。这些都要从大一刚入学开始说起。米明进入大学后，并没有因为高额的奖金受到激励，反而有解放的欣喜。原来在读中学的时候，父母管教严格，学习和生活都是按部就班进行。到了大学，远离了父母，米明感到自由了。他没有好好静下心来思考上大学的目的，而是随波逐流寻找给自己带来短时快乐的活动。自由的大学生活给了他许多个人时间与空间，他逐渐迷上了网络游戏，且一发不可收拾，要上的课，他再也不去了；要做的作业，他也懒得做；甚至连考试，他也不愿意去参加。当面临退学的时候，米明才恍然醒悟自己浪费了太多美好时光[①]。

 思考与讨论

（1）为什么米明无法抵挡网络世界的诱惑？

（2）如何了解学习的目标？

四、我的大学怎么了

李方高考发挥超常，如愿考上了梦想的大连理工大学。一开学，他就被学校美丽的景色、丰富的社团活动以及优秀的学生组织所吸引。李方在大一第一个学期就主动报了三个社团，并且参加了学生会，还担任了班里的文娱委员。没想到，一腔热情投入到大学生活的李方却发现自己力不从心。一周内，他经常要旷课去参加所属社团、学生会的活动，班上的事务性工作也要接手。上课的时候没法集中注意力，作业也抽不出时间来做。本来想在大学里大显身手的李方陷入了困局，不知道如何安排好自己的学习和学生工作[②]。

 思考与讨论

（1）是什么原因让李方发出"我的大学怎么了"的疑问？

（2）针对李方无法兼顾社团活动、课程作业的问题，你有什么好的应对方法？

五、游泳的故事

1952 年 7 月 4 日清晨，加利福尼亚海岸下起了浓雾。在海岸以西 21 英里的卡塔林纳岛上，一个 43 岁的女人准备从太平洋游向加州海岸，她叫费罗伦丝·查德威克。

那天早晨，雾很大，海水冻得她身体发麻，她几乎看不到护送她的船。时间一个小时一

---

① 张振刚，雷育胜. 大学生学习与职业生涯规划[M]. 北京：清华大学出版社，2014.

② 张振刚，雷育胜. 大学生学习与职业生涯规划[M]. 北京：清华大学出版社，2014.

个小时地过去了，千千万万人在电视上看着。有几次，鲨鱼靠近她了，被人开枪吓跑了。15小时之后，她又累，又冻得发麻。她知道自己不能再游了，就叫人拉她上船。她的母亲和教练在另一条船上。他们都告诉她海岸很近了，叫她不要放弃。但她朝加州海岸望去，除了浓雾什么也看不到……

人们拉她上船的地点，离加州海岸只有半英里。后来她说，令她半途而废的不是疲劳，也不是寒冷，而是因为她在浓雾中看不到目标。查德威克小姐一生中就只有这一次没有坚持到底。[①]

思考与讨论

（1）为什么费罗伦丝·查德威克没有成功到达加州海岸？

（2）本案例对你有何启示？

六、保险销售员的故事

有个同学举手问老师："老师，我的目标是想在一年内赚100万！请问我应该如何计划我的目标呢？"

老师便问他："你相不相信你能达成你的目标？"他说："我相信！"老师又问："那你知不知道要通过哪种行业来达成？"他说："我现在从事保险行业。"老师接着又问他："你认为保险业能不能帮你达成这个目标？"他说："只要我努力，就一定能达成。""我们来看看，你要为自己的目标做出多大的努力，根据我们的提成比例，100万元的佣金大概要做300万元的业绩。一年要做300万元业绩，一个月要做25万元业绩，每一天要做8300元业绩。"老师说。

"每一天要做8300元业绩，那大概要拜访多少客户呢？"老师接着问他，"大概要50个人"，"那么一天要拜访50人，一个月要拜访1500人；一年呢？就需要拜访18 000个客户。"

这时老师又问他："请问你现在有没有18 000个A类客户？"他说没有。"如果没有的话，就要靠陌生拜访。你平均一个人要谈上多长时间呢？"他说："至少20分钟。"老实说："每个人要谈20分钟，一天要谈50个人，也就是说你每天要花16个多小时在与客户交谈上，还不算路途时间。请问你能不能做到？"他说："不能。老师，我懂了。这个目标不是凭空想象的，是需要凭着一个能达成的计划而定的。"[②]

思考与讨论

（1）如何确定"自我学习目标"？

（2）本案例对你有何启示？

七、马拉松运动员的故事

山田本一是日本著名的马拉松运动员。他曾在1984年和1987年的国际马拉松比赛中，两次夺得世界冠军。记者问他凭什么取得如此惊人的成绩，山田本一总是回答："凭智慧战胜对手！"

---

①　http://www.bosshr.com/shownews_37058.html.

②　http://www.360doc.com/content/14/0321/19/13674993_362533287.html.

众所周知，马拉松比赛主要是运动员体力和耐力的较量，爆发力、速度和技巧都还在其次。因此对山田本一的回答，许多人觉得他是在故弄玄虚。

10 年之后，这个谜底被揭开了。山田本一在自传中这样写道："每次比赛之前，我都要乘车把比赛的路线仔细地看一遍，并把沿途比较醒目的标志画下来，比如第一标志是银行；第二标志是一个古怪的大树；第三标志是一座高楼……这样一直画到赛程的结束。比赛开始后，我就以百米的速度奋力地向第一个目标冲去，到达第一个目标后，我又以同样的速度向第二个目标冲去。40 多公里的赛程，被我分解成几个小目标，跑起来就轻松多了。开始我把我的目标定在终点线的旗帜上，结果当我跑到十几公里的时候就疲惫不堪了，因为我被前面那段遥远的路吓到了。"①

思考与讨论

(1) 山田本一的制胜秘诀是什么？如何做好学习规划？

(2) 本案例对你有何启示？

2.3　能 力 训 练

一、叼杯子运水

1. 任务描述

活动场地：大教室、礼堂、操场、室内、户外。

活动时间：20 分钟左右。

所需材料：纸杯子数个、装水的大水壶若干个。

2. 任务步骤

(1) 将全班同学分为数组，每组 7～8 人。

(2) 每人用嘴叼着一次性杯子，要求从大水壶里盛水，然后再叼着杯子把水倒给下一个人，依次类推，小组最后一个人把水倒入终点的大水壶里，在规定的时间内，送水最多的组获胜。注意在叼杯子运水过程中要穿越设置"障碍"的椅子，并且整个过程不能用手。

3. 任务反馈

(1) 你们小组是否具有这方面技巧的人？他有没有教其他人也具备这方面的技巧？

(2) 当你不懂得如何执行这一任务的时候，当时是怎么想的？是否有学习的欲望？

(3) 从这个活动中你得到的体会是什么？②

二、角色扮演

1. 任务步骤

(1) 将全班同学分成若干个小组，每三个人一组，演绎禅宗心印的故事。

---

① http://blog.sina.com.cn/s/blog_4f3756fc0100ohfe.html.

② http://www.docin.com/p-632932583.html.

（2）情景内容大致如下：

日本有一位禅宗大师，名叫难因（由同学 A 扮演），在禅学方面造诣颇深。日本早稻田大学的历史学教授山本先生（由同学 B 扮演）在研究历史时，需要这方面的知识，欲向难因请教。

这一天，山本先生来到寺庙门口，脸上略微带着一点傲慢的神情对值班的小和尚（由同学 C 扮演）说："本人是早稻田大学的历史学教授，想见一见难因。"小和尚问山本先生："教授先生，您事先与难因预约过吗？"山本说："没有。"小和尚道："难因特别忙，如果您事先没有预约，恐怕他现在没有时间会见您。"山本先生很生气，拿出自己的名片递给小和尚，并对小和尚说道："请您把我的名片转交给难因，他自然会见我的。"小和尚拿着山本的名片向难因请示。难因一看名片，竟欣然同意在百忙之中抽出时间会见山本先生。

小和尚把山本先生引领到难因的会客室，两人略微寒暄一番后，难因请他喝茶。难因拿起茶壶给山本倒茶，不一会儿，茶杯中的茶水就要溢出来了，只见难因还在往茶杯中倒茶水，茶水就沿着杯壁流到了八仙桌上，八仙桌上的茶水又流到了地板上，山本先生的脚前也有茶水。

山本先生感到非常惊讶，问难因："师傅，水已经满了，倒不进去了。"难因说："你就像这个杯子，早已装满了你自己的意见、判断、思维。如果你不把你的杯子倒空，我又如何能告诉你禅的道理呢？"

2. 任务反馈

（1）我们曾像山本一样自以为是吗？当时的想法是怎样的？

（2）我们遇到过山本这样的人吗？对他的感觉如何？

（3）这个禅宗故事告诉我们什么道理？[①]

三、自学能力测试

指导语：自学是一种获取知识的重要能力。据考察，人一生的知识，有四分之三是在离校以后靠自学得来的。一个人的自学能力的强弱，能看出他的志向、毅力、情趣和气质，能决定他的知识水准和工作能力的高低。年轻的朋友，你的自学能力如何呢？你了解你的自学能力吗？请试着回答下列问题，测测你的自学能力。

1. 你能每天在业余时间自学一小时吗？（能；有时能；不能）

2. 你每天能坚持阅读 5000 字吗？（能；有时能；不能）

3. 你每天有浏览报刊的习惯吗？（有；有时有；没有）

4. 你在影戏开演之前，车船到来之前，有阅读书报的习惯吗？（有；有时有；没有）

5. 你有记读书笔记或读书卡片的习惯吗？（有；有时有；没有）

6. 你有剪贴报刊资料的习惯吗？（有；不经常；没有）

7. 你有一年的学习计划吗？（有；不明确；没有）

8. 你有睡觉之前检查一天学习情况的习惯吗？（有；不经常；没有）

9. 你如果一天中没有学习，有一种遗憾的感觉吗？（有；有点；没有）

---

① 新世纪高职高专教材编审委员会. 职业素养提升与训练[M]. 大连：大连理工大学出版社，2012.

10. 你能拿出每月费用的百分之几购买图书或订阅报刊吗？（能；有时能；不能）

11. 你有同朋友交谈自学体会的习惯吗？（有；有时有；没有）

12. 你有博览百科知识的习惯吗？（有；一般；没有）

13. 你有给报刊投稿的习惯吗？（有；有时有；没有）

14. 你常听学术报告吗？（常听；不常听；没听过）

15. 你有学习专业知识吗？（有；不明确；没有）

16. 你参加业余学校吗？（正参加；想参加；不参加）

17. 你能在三四年内使自己的学识水平由初中提高到高中，或由高中提高到大专吗？（能；差不多；不能）

18. 你有自测学习成绩的习惯吗？（有；有时有；没有）

19. 你参加过有关单位组织的自学考试吗？（有行动；有计划；没有）

20. 你有著书立论的行动或计划吗？（有行动；有计划；没有）

结果与解析：

括号内第一答案为 5 分；第二答案为 3 分，第三答案为 0 分。

如果总分在 80 分以上，则说明你自学能力很强；70～80 分，自学能力良好；60～70 分，自学能力一般；总分 60 分以下的人，自学能力较差。①

四、大学生学习动力自测表

这个测量表主要帮助你了解自己在学习动机和学习目标上是否存在困惑。共 20 个题目，请实事求是地在与自己情况相符的题目上打对号，不相符打叉号。

1. 如果别人不督促你，你极少主动去学习。

2. 你一读书就觉得疲劳厌烦，只想睡觉。

3. 当你读书时需要很长时间才能提起精神。

4. 除了老师布置的作业外，你不想多读书。

5. 如有不懂的地方，你根本不想设法弄懂它。

6. 你常想不用花费太多时间学习成绩也能超过别人。

7. 你迫切希望自己在短时间内就能大幅度提高自己的成绩。

8. 你常为短时间内没能提高成绩而烦恼。

9. 为了完成某项作业你宁愿废寝忘食、通宵达旦。

10. 为了及时完成作业，你放弃了许多你感兴趣的活动，如体育锻炼、看电影与郊游等。

11. 你觉得读书没什么意思，想去找个工作做。

12. 你常认为课本上的基础知识没啥好学的，只有看高深的理论、读大部头作品才带劲。

13. 只在你喜欢的科目上下狠工夫，而对不喜欢的科目放任自流。

14. 你花在课外读物上的时间比花在教科书上的时间多得多。

15. 你把自己的时间平均分配在各科上。

---

① 谭芳. 大学生心理健康教程[M]. 北京：化学工业出版社，2014.

16. 你给自己定下的学习目标多数因做不到而不得不放弃。

17. 你几乎毫不费劲就实现了你的学习目标。

18. 你总是同时为实现几个学习目标而忙得焦头烂额。

19. 为了对付每天的学习任务你已经感到力不从心。

20. 为了实现一个大目标，你不再给自己制定循序渐进的小目标。

上述 20 个题目可分成四组，分别测查你在四个方面的困扰程度：1～5 题测查你的学习动机是否太弱；6～10 题测查你的学习动机是否太强；11～15 题测查你的学习兴趣是否存在困扰；16～20 题测查你在学习目标上是否存在困扰。假若你对某组（每组 5 题）中的大多数题目持认同的态度。则说明你在相应的学习欲望上存在一些不够正确的认识，或存在一定程度的困扰。[①]

拓展阅读：规划人生　成就未来

20 岁以前，大部分的人是相同的，上学、读书、升学、读书……建立自己的基础。在父母亲友、社会价值观影响及误打误撞的情况下完成基本教育。

选择读书，应该一鼓作气，在您尚未进入社会时，能读多高就读多高，毕竟何时进入社会，您都是社会新鲜人。

但是一旦您已经有工作经验而又有心进修，当然渠道很多，相对的挣扎也多。因为您不知以现在的年纪、条件、资历……再去做进修这样的投资是否值得？

如果您认定一辈子要当上班族，学历对您而言相信是很重要的，否则，时间宝贵，不容许您再走错路。

20～25 岁，您要懂得掌握与规划自己的未来，同时也决定了就是一条无悔的不归路。

刚得到法律赋予您的种种权力，相对的您要尽您的义务及学习承担责任。

这时候的您，是喜悦、矛盾与痛苦交战，喜悦来自于开始被赋予一些自主权，矛盾来自于与父母割不断的脐带关系，痛苦的是开始要尝试错误。

您要开始为自己的未来规划，如升学、就业、感情……拿回自己对人生的主控权，而非一直受人左右、摇摆自己的未来。

年轻人如何规划自己的人生？

一、学会处理人际关系，多认识积极的朋友，十年后这些朋友都将是产业的中坚

25～30 岁，您像一块海绵，努力吸收也甘心付出，为的只是自我的成长。

这时候的您，应是工作取向。薪水待遇、升迁调职您应是斤斤计较的。因为唯有努力付出，您才敢积极争取，社会新鲜人的动力应该让您冲出自己的一片天，也因为没有经验，所以不断挫折。

因为资源不多，所以一切尽人事，听天命。现在的您：领取别人的薪水，学习别人的经验，付出自己的青春，建构自己的未来。

30～35 岁，您要学习判断机会、把握机会，不能再有尝试错误的心态。

---

① 谭芳. 大学生心理健康教程[M]. 北京：化学工业出版社，2014.

这时候的您，应是事业取向和家庭取向。工作应该从体力转换为脑力。

您应该看到的是远景，而非现况，面对的是宽广人生，而非局限于自我。

结婚是许多人面临的人生第一次重大抉择，面对婚姻，很多人以为结婚就是一个责任的结束，殊不知正是新的学习的开始。

就像一些刚上市上柜的公司，以为目标达成了，忘了自己的企业责任，忽略本业。反而是一个噩梦的开始。

一般人的本业不就是经营自己的家庭，赚钱的目的不就是希望给家人更好的生活吗？但这可不能成为忽略家人的借口，一个经营不好家庭的人，纵使赚到全世界，他得到的只是表面的掌声，他人生的这个圆，永远有一个缺口。

家应该是您最大的精神支柱、动力来源和坚强后盾！

二、时间管理，转化心境；转化为用头脑去工作，不要用身体去工作

35～40岁，您要享受给人希望，功德无量的格局。

这时候的您，应是企业取向。工作只是一种休闲，更可转化为对他人的责任。如果您专注于研究，您应该不只穷毕生之力。您应该成立研究机构、带领一群人做更多研发的雄心壮志。

如果您是企业主管，您应该不只停留在汲汲营营、斤斤计较的状态，您应该有能力担负主导周围的员工、家人，带领他们享受更好的生活。

格局的大小，会影响您成就的多少，做一个有影响力的人，而非被影响的人。

三、不论目前您多风光、多有成就，在您心中是否画得出十年后的自己？

静心思考！我们现在所有努力的目的不就是为了父母、另一半、小孩……？

工作，不应该等于是人生，更不应该是需要经营一辈子的事。

试问健康、财富、自我成长、人际关系和时间自由，什么是您努力工作的动力？

我相信没有人愿意放弃任何一点。

这些正是促使我们年轻人前进的动力。

十年后，您是提早完成它？还是提早放弃它？

四、宁可因梦想而忙碌，不要因忙碌而失去梦想

我看周遭有太多优秀于我数倍的朋友，可惜的是终日汲汲营营，投入更多的时间、精神、资源，却没有享受到应得的生活，原因无他，努力错方向，找错机会，拒绝机会而已。

Jordan打了一辈子的篮球，他是很难在棒球场上找到自己的舞台的。不要让忙碌蒙蔽了您的双眼，再回头：廉颇老矣，尚能饭否？

五、你的时间在哪里，成就就在哪里

当您一个人成功了，您只享受到一个人的快乐！

懂得分享与付出，真正的快乐来自于：周围的亲友因您的成长而提升，不论是精神还是物质。

真正的成功来自于：身边的亲友因您付出获得改善，给人希望功德无量。

我们不是在做慈善事业，也没有能力普度众生，但是，我们可以发挥一己之力，对亲友，对那些有缘相遇的陌生朋友。

伸出您的手，在他们需要的时候！

太多人在等生命中的贵人，聪明如您，何不先从帮助他人开始？

"有人四五十岁了，还喜欢说出自己毕业于某某名校，我觉得奇怪，他们把学校的那几年当成生命的巅峰，其实他出了校门便已开始走下坡路了。"①

课 后 练 习

1. 组建学习沙龙。学习不仅需要自我独立思考，养成良好的学习习惯，更重要的在于思想的交流与沟通。学习沙龙小组的成立有助于同学们在学习方面相互督促、相互分享，从而达到学习上共同进步的目的。

◆ 训练过程：

（1）全班同学以学习兴趣小组的名义成立，如英语沙龙、写作沙龙、美术沙龙等。每个小组以 6～7 人为宜。

（2）每个月学习沙龙开展一到两次活动。学习方式主要包括集中学习、专题辅导、专题思考等，坚持小组调研、个人思考、大组交流，开展学习辅导、专题讨论交流、辩论和演讲等多种形式的活动。

◆ 相关讨论：

（1）你有没有从学习沙龙中收获到什么？最大的收获是什么？

（2）你在学习沙龙中的参与性高不高？为什么？

2. 自我学习的主要方法有哪些？你如何来选择？

3. 自我学习规划的步骤都有哪些？

4. 设计一份自我学习规划。

---

① http://www.201980.com/lizhi/qing chun/3598. html.

任务 3　自我学习方法

人之为学，不日进则日退；独学无友，则孤陋而难成；久处一方，则习染而不自觉。

——顾炎武

方法不是一切，无论怎样好的学习方法，都不能代替学习本身。

——杨献珍

训练目标

(1) 了解读书的基本要求，掌握常见的读书方法；

(2) 了解培训的功能，能积极利用培训进行自我学习；

(3) 掌握工具书的检索方法，能利用图书文献法进行自我学习；

(4) 了解网络学习的特征，能利用网络学习法进行自我学习；

(5) 能利用实践学习法进行自我学习。

3.1　能 力 基 础

自我学习的方法很多，我们总结为高效读书法、培训提高法、图书文献法、网络学习法、实践学习法等。

一、高效读书法

读书是获取知识、传播知识的重要手段，只要个人有足够的毅力，就能从书本上获取所需要的知识和技能。

林语堂先生在其《读书的艺术》一书中曾精妙地讲道："读书是至乐的事。杜威说，读书是一种探险，如探新大陆，如征新土壤；法朗士也说过，读书是灵魂的壮游，随时可以发现名山名川、古迹名胜、森林幽谷、奇花异卉。"千百年来，先哲学者们围绕如何读书积累了无数的经验，其间值得借鉴的奥妙不可胜数。本节仅结合大学生实际，就如何在自学过程中把握读书的艺术作一简要介绍。

1. 读书的基本要求

(1) 自觉阅读。表面看来，读书是一件极其平凡的事，但细究起来却也有其奥妙之处。面对同一本书，可以有各种各样的读法。不同的读书方式，其结果大不相同。大致有两种读书方式：一是盲目阅读，二是自觉阅读。前者又可分为"消遣式"的阅读和"为读书而读书"

这样两种不同情形。由于缺乏必要的准备，也就是说缺乏"期待视野"，这种读书方式往往没有明确的目的性和选择性，最后甚至会变成书本的"奴隶"，而且阅读的效率较低，读过之后容易淡忘。以这种方式去读书，其结果只能是读得越多，包袱越重。可见，盲目地为读书而读书的方式是不足取的。

其中，读与思的关系在图 3-1 中可以清晰地表现出来[①]：

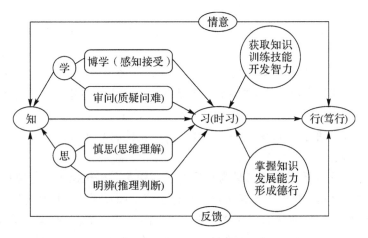

图 3-1　读与思的关系图

图中的学、思、习、行四项活动又可分为博学、审问、慎思、明辨、时习、笃行六个阶段，而且这六个阶段的前四个阶段皆与时习发生作用，这说明，只有不断对知识进行演练、操习，才能真正达到巩固记忆、获得知识、训练技能、开发智力的效果，从而为笃行奠定基础。其中，笃行又是完成学习过程的终结，是掌握知识技能、发展智力、形成德行的集中表现。图 3-1 也反映出由行到知的学习反馈过程，它体现了学习是由低层次向高层次升华、由量变到质变的循环往复以至无穷的特点，反映出"实践——认识——再实践——再认识"这一辩证的知行观。

自觉阅读，简单地说，就是"带着脑袋读书"。孔子曾说过："学而不思则罔。"所谓带着脑袋读书，就是应当以思考者的角色进入阅读过程。这种阅读方式有助于增强读书的目的性和针对性。当人们试图通过读书而解决某个问题时，就获得了某种先在的选择尺度。许多内容可以视而不见，而与问题有关的则能够跃入读者的视野，不仅使人豁然开朗，而且可以给人留下特别深刻的印象，甚至终生难忘。最重要的是，带着问题阅读，可以把自己的视野同所读文本的固有视野相交融，从而获得一种创造性的重建。这种阅读是一种独立思考、意义重构的创造性过程。有目的读书的一个自然结果是做读书笔记。古人云"不动笔墨不读书"，可见，做笔记对于读书有多重要的意义。

孔子说过："思而不学则殆。"只思考而不读书，就会使思想变成无源之水、无本之木，最后只能限制甚至窒息思维能力。在一定意义上，离开了书本知识，既无法确立思考的对象，也无法找到思考的工具，还无法捕捉思考的契机。

在信息资源异常丰富的今天，直接经验已越来越有限，人们所接受的有效信息中，书

① 徐颂陶.学习能力[M].北京：人民出版社，2005：110.

本知识所占比重会越来越大。以书本为载体的知识具有不可替代的作用，而且这种作用会愈加重要。若忽视读书，则很难与世界沟通。我们不乏这样的体验，几天不阅读，就会有隔世之感。这说明，任何思考如果不建立在广泛阅读、不断吸收人类文化发展最新成果的基础上，就会显得空洞和苍白无力，其结果只能是走向思想的贫弱和终结。结合阅读思考，不仅可使人获得丰富的思想素材，而且可使人与科学研究的最新进展保持同步。否则，就难免因孤陋寡闻而造成不必要的重复劳动。

（2）博约结合。读书"博"与"约"结合是十分重要的。广博与精深的矛盾是客观存在于学习过程中的。常见的提法有精与博、博与约、博与专等。博与专的关系是知识、智能结构的广度和深度的关系。博是手段，专是目的；专深以广博为基础，广博以专深为归宿。正如控制论的创始人、科学家维纳说："每个人都是自己领域中的专家，但是每个人对他的邻近领域都有十分正确和熟练的知识。"维纳所提到的人，可以算做"通才"了，美国学者这样给通才下定义："所谓'通才'，应该是一位专家，是一位能将其所专的一小领域与其他广大的知识领域联系的专家。"

将"博"与"约"之间关系阐述得最为精妙的非清初著名思想家王夫之莫属，他说："约有博之约，而博者约之博，故将以反说夫约，于是乎博学而详说之，凡其为博而详者，皆为约致其功也。若不以说约故博学而详说之，则其博其详，假道谬途，而深劳反复，果何为哉？"就是说"约"是建立在"博"的基础上的"约"，而博是在"约"指导下的"博"，是为了提炼出精华来，才广泛地博学，掌握材料。如果博学不是为了从丰富的材料中提炼出精华来，为博学而博学，那是没有意义的。

评论家戴不凡在总结学习经验时说"在学的范围上，第一，要注意'博'和'约'的关系。博而不约，最多只能成为杂货铺，垃圾桶；约而不博，则为井底蛙，三家村学究"。所以，俗语说：一块石头砌不成金字塔，一根木头搭不了洛阳桥，可见，重视博与约的结合对于为学者来讲，是十分重要的。为此，我们在阅读时，要有全局观念和综合能力，运用全方位、多角度的思维方式，善于把多种事物、多种因素联系起来综合分析，具有较强的分析归纳能力。在阅读的过程中，要自觉培养自己认识和掌握客观规律的能力，要有深邃的洞察力。在对大量事实进行科学分析的基础上，能透过纷繁的外在现象看到问题的本质。善于从微小的征兆中，发现大的问题，及时作出正确的判断和选择，作出很好的解决问题的方案和具体措施。

（3）明确目的。生有涯而知无涯。信息时代面对铺天盖地而来的知识信息大潮，任何人想览尽各类知识是不可能的。例如，有学者计算，一个化学系学生，每天读一篇化学论文，要把一年中新发表的 40 万篇化学论文读完，就得约 1100 年！于是，如何有针对性、有选择性地读书，就成为大学生自学过程中首先要解决的问题。就大学学习阶段而言，大学生在自学过程中的读书，大致有如下几方面目的：通过自学读书以补充、完善、加强其专业学科方面的知识，达到强化专业技能的目的（这是最基本的、最重要的目标）；通过自学读书以持续发展自己的优势，张扬自己的个性，成为独具特色人才的目的（这是个体的特殊目标）；通过自学读书以扩充自己的知识面、开阔视野，提升思想境界，净化自身灵魂，成为复合型人才的目的（这是应努力达到的较高目标）；通过自学读书以达到愉志悦情，消闲逸趣，得以调整身心的目的（这是必不可少的目标）。因此，这就要求大学生在自学时，有选择性、有针对性地读书，这才能取得相应的效果。读书目的是与读书的具体技巧、方法息息相关的，不同的目的，可以采用不同的技巧与方法。

2. 掌握读书方法

读书的方法很多，这里主要介绍两类常用的读书方法①。

（1）快速阅读法。如前所述，在大学生自学读书时，有一部分是扩充知识，开阔视野的需要；有一部分则是休闲逸趣、调节身心的需要，即使是要自学某些专业书籍，由于书籍量太大，也需要进行筛选。针对这类情况，可以采用快速阅读法，即"泛读法"。其基本技巧（要求）如下：

第一，阅读时眼球要均匀移动。缺乏阅读技巧的人，在阅读时停顿（静止不动）过多，而且有很多往复现象，这样既杂乱，又浪费了许多时间。快速阅读则要求不要反跳、不回看和视线不离开字行，眼球均匀地跳跃而过（这需要一定训练，并养成习惯）。

第二，使用视力引导工具。最常见的视力引导工具是圆珠笔形的器具，阅读时，用其指着所读句子，然后均匀移动。这样，可使注意力集中（不回看、反跳等），从而提高阅读速度。

第三，无声阅读（默读）。这样可将文字直接由视觉神经输送到大脑中，使视觉广度增加，加快阅读速度。苏联学者考索科洛夫研究表明，在默读时，词法会变成一种形象化的视觉概念，从而有助于直接发现和确定作者的意图和思想。

第四，跳跃阅读。所谓跳跃阅读，是在上述快速阅读的具体方法基础上，所采用的一种阅读技巧。其要点为：一是抓概要（如内容提要、前言、序、跋、目录等）；二是抓逻辑结构；三是抓核心要点；四是抓首尾呼应；五是抓关键词语。这样，就能在很短的时间内，快速掌握一篇文章、一部著作的基本轮廓和主要内容了。

（2）研习精读法。在大学生自学读书时，有一部分知识是促进其专业技能的完善、强化，促进其创造性思维的塑造，促进其思想境界的升华等需要。因此，在泛读的基础上经过选择、精筛后，则应采用研习精读法。应用此法时，主要应把握以下两点：

第一，采用 SQ3R 五步阅读法：第一步为浏览（Survey），即前述快速阅读法介绍的跳跃阅读；第二步为提问（Question），即针对阅读的重、难点内容设问；第三步为阅读（Read），即带着已设的问题，仔细阅读，并做好相应的记录；第四步为复述（Recite），即对所学的内容进行回忆；第五步为复习（Review），即对前述内容进行阶段性或系统复习。

第二，做好读书笔记。在研习精读法中，做好笔记是非常关键的一环。俗话说"好记性不如烂笔头"，一份系统的好的笔记，将会成为一笔宝贵财富。读书笔记有以下几种：

一是书上笔记。即指随着阅读，用自成系统的符号——圆点、直线、曲线、双线、加框、三角形、叹号、问号等构成笔记符号系统，用以表达读者的评价，更好整理书中内容；或者在书的空白处，写下自己简短的评语和心得。

二是摘要笔记。这是人们常用的一种用于收集重点资料，便于进行仔细钻研的方法。此类笔记可按专题分类，必要时可写上自己的评价和见解。逐渐积累，便可形成专题笔记。

三是索引笔记。这主要为了便于查找文献资料而做的一种记录。可按门类分别记载，便于查找，一旦需要，信手拈来，是深入学习与进行研究必不可少的一种笔记。

四是心得笔记。这是指在阅读完有关文章、著作之后，对某一问题、观点有了自己的一些感受和体会而做的一种笔记。这类笔记对提高自己的理解水平、研究能力以及综合素质是大有裨益的。

---

① 王言根. 学会学习——大学生学习引论[M]. 北京：教育科学出版社，2008：185-187.

二、培训提高法

接受各类培训是自我学习不可或缺的重要方法之一。

1. 培训的功能

许多人在步入社会之后，就将主动学习淡忘了，而投入到另一种学习中，那就是职业培训。这种参加培训的学习方式可以使员工在有效利用时间的同时，更有针对性地培养自身的专业素养和技能。

在进行人才挖掘和企业管理中，培训是不可或缺的环节，是使整个企业能更好存活的必要手段。如果培训能做到持续、规范，将会非常有利于企业员工的知识水平和专业技能的提高。

培训是企业组织与企业员工之间双赢的体现，培训的功能主要有以下三个方面：

（1）强化功能。员工素质的高低是决定企业能否成功的重要因素之一。员工通过接受较好的培训能够提升自身的知识水平，开拓创新思维能力，同时也能较好地加强员工之间的合作，从而建立更好的团队精神，增强员工的成就感和自信心，最后使员工队伍的整体素质得到较高的提升，使整个企业的竞争力不断增强。

从学校到社会，从学生到员工，是一种角色的改变，更是学习上的革命。在工作中，员工要学习团队精神、执行技巧等，都需要在短时间通过强化训练完成，而企业培训恰恰为员工提供了这样的机会。

（2）增效功能。培训在企业中的重要作用，体现在企业生产产品或提供服务时，能减少工作时间，从而在人力和物力上都能降低所需成本；减少材料的浪费和次品的产生率，从而降低总的生产成本和降低服务成本。由此可见产品、服务的数量、质量、效率和企业员工自身的专业知识、技能成正比。

企业员工在经过培训之后会增强克服困难的能力和信心，而员工克服困难的能力和信心是提高企业生产效率的重要因素之一。所以每一个有现代管理理念的企业，都应对自己员工的培训投入巨大的人力和财力支持，以求产品、服务质量的提高，总成本的降低。而对于员工本身来说，通过企业培训可以使自己成为具有专业素质的优秀人才，这种升华是人生最宝贵的财富。

（3）补偿功能。企业培训对社会培训机构有很好的补偿功能。企业文化的建设和创新是企业经营发展战略的铺垫。只有恰当地利用人力资源，企业才能取得更高的劳动生产率，无论是企业文化的建设还是员工技能的提升，都需要在企业内部开展培训。因此，员工的培训与企业的经营发展战略是密切配合的。

站在员工的角度看，系统、科学的培训可以弥补个人知识、技能等方面的欠缺，在短时间内提升个人的知识水平和专业技能。如果说学校的学习奠定了个人的知识基础，那么企业培训则更注重实用技能的训练。员工借助企业培训的机会，积极主动地学习，可以获得良好的个人成长及发展。

2. 以自我学习促进岗位培训

在企业里，岗位培训有利于员工提升劳动技能、强化责任意识、增强团队精神，是培养优秀员工的法宝。需要强调的是，在培训过程中，员工的主观能动性和自我学习的能力，会极大地提升培训的效果，促进员工早日成才。为了使自我学习更好地促进岗位培训，应注意以下三点：

（1）把岗位培训与自我学习相结合。岗位培训是知识的传授、技巧的修炼，需要对员工进行集中指导。不过，仅仅依靠特定时间的培训，员工并不能完全、熟练地掌握相应的技能，还需要在业务时间加强自我研习。因此，员工要想取得令人满意的培训效果，就必须借助自我学习的力量。

（2）明确岗位人才标准，引导自学成才。受行业特点、学科差异的影响，各企业的人才选拔及管理方法也都存在各种差异。如果企业能将岗位培训中的人才判断标准与岗位要求、具体操作相结合，不仅能够找到切实符合岗位需求的人才，还能够督促员工主动学习和掌握目标岗位的知识和技能。

（3）把岗位培训同职位晋升制度相结合。每一个工作岗位都有特定的需求，岗位培训也是企业必须具备的一项制度。但是员工在技能上的提升只是一方面，重要的是在培训中建立起自我学习的意识。如果企业能够把员工的职位升迁同岗位培训相结合，一定会极大地激发员工的学习热情，营造良好的自我学习氛围，切实提高员工的技能水平。

3. 在培训中积极自我学习

企业培训是员工在工作过程中不可多得的学习机会。员工不应忽视企业的硬性规定，应当积极主动地把握机会，真正从中学到知识，丰富自己的专业技能。

在培训中，要想达到预期的效果，应发挥学习的主观能动性，积极进行自我学习，为此，要遵照以下自我学习的原则：

（1）延续原则。培训的知识要在以后的工作中延续下去，并且灵活运用。这一原则的重点在于：员工要注意观察对于已经接受培训的员工，企业是如何分配任用的，如何使他们学习到的技能得以充分发挥。真正有能力，有理想的优秀员工，企业会更加器重，甚至给予晋升机会。在培训期间，员工应该对自己的发展前途有一个明确的规划，这样才能在培训后更好地投入工作，谋求个人在企业中的发展。

（2）强化反馈原则。在培训的过程中，员工应该注意及时对培训过程中存在的问题进行反馈。同时，充分消化所学内容，吸收并且及时减少错误。如果自学者反馈的信息准确的话，那么培训的效果会达到预期值。员工的反馈如果在培训中和培训后及时进行，那么培训和学习的效果会更佳。

对此，员工要积极培训，与培训老师沟通好，检测自己的学习效果，反观自己还有哪些地方没有达到要求，存在哪些问题，等等。这样才能有效提升自学者在培训中的学习效能。

（3）讲究实用原则。员工在培训过程中学习的时候，不能拘泥于书本理论知识，重点应该放在对实际工作最有帮助的技能中去，而且要将所学知识与实际工作中出现的错误和存在的问题相联系。有不懂的地方要及时请教培训老师，争取熟练把握每个知识点。

（4）实际操作原则。在培训中，自学员工要珍惜组织者创造的实践机会。因为培训的最终目的是要更好地去完成本职工作。所以，员工在学习时不能只放眼于过于简化的课堂教学，更要在实践中学习。将实践与课堂知识点相结合，才能更好地掌握所学内容，达到更高的技能标准，使自身能力达到一个新的高度。

（5）目标明确原则。每个员工都要为自己制定出明确、高标准的自我学习的原则，以提高培训效率。培训目标的难易程度会或多或少地影响培训效果。所以，每个自我学习者都应本着合理、适度的原则设置目标，并且应该考虑到自己所在岗位的具体工作问题，达到既使自己有兴趣做自我挑战，又不至于因目标过高而放弃学习。

通过制定目标，每个员工应该把企业的要求，自身的实际情况以及职业规划结合起来，争取经过培训和学习在工作水平和专业知识上有质的飞跃。

（6）按需学习原则。在企业中，处于不同工作岗位的员工因为文化水平、自身素质、岗位特点、工作内容的不同，创造的绩效也不相同，所以其能力和业绩也是分高低的。因此，无论是企业中的流水线员工还是最高决策人，在接受培训时都要根据自身的需求选择相应的课程[①]。

处于不同工作岗位的员工，其在企业生产活动中所应具备的能力也应各有侧重。在多种能力构成的能力结构中，不同的员工，其能力结构的构成比例也应各有不同。对一线员工来说，技术能力应该是其能力结构中最主要的组成部分。因此，作为企业一线员工，自学者要以提高自身的基础文化知识和技术操作水平为目的，通过接受企业的培训，使自己成为讲经济效益、精通技术、一专多能的人。

三、图书文献法

1. 利用图书馆获取信息

在人类发展史上，一大批出类拔萃、备受人们敬慕的人才，像马克思、列宁、毛泽东、李大钊、鲁迅、爱迪生、道尔顿、李四光、陈景润等，他们以其伟大的革命业绩、学术领域的诸多建树对人类科学发展作出了卓越贡献而名垂青史。不知同学们可曾注意到，这些非凡的人才，都有一个共同的特点，那就是他们一生都与图书馆结下不解之缘。

马克思从青少年时代就酷爱读书，是图书馆最勤奋的读者。他从1849年移居伦敦到逝世，一直是英国博物院图书馆的忠实朋友。为了写《资本论》，他做过的笔记，摘录的书就达一千一百多种，读过的书就更不计其数了。马克思在那里有个固定的座位，每当读书读到兴奋的时候，就情不自禁地用脚在地面上来回摩擦，竟把坚硬的水门汀地面磨出了两道深深的脚印。从这巨人的脚印里，我们看到了伟大革命导师马克思勇于攀登科学高峰的坚忍不拔的毅力。

毛泽东非常重视利用图书馆。1912年，毛泽东在湖南图书馆过了半年自学生活。他曾回忆当时情景："一到图书馆，就像牛进了菜园。"强烈的求知欲望，使他在图书馆里汲取了许多知识，大大开阔了眼界。他认为这是他"学习生活中最可纪念的一页"。1918年夏天，毛泽东从湖南一师毕业后，经杨昌济先生介绍到北大图书馆工作。从此，他又与北大图书馆结下了不解之缘。

在德国柏林图书馆的大门上，镌刻着这样的警句："这里是人类知识的宝库，如果你掌握了它的钥匙的话，那么全部知识都是你的。"

如何充分利用图书馆这个丰富的资源，获取更多的知识和信息，使自己圆满完成自我学习任务，提高自己的能力和素养呢？

（1）要了解图书馆藏书的种类。现代图书文献按载体形式区分有：印刷型，缩微型，机读型，声像型，光盘型；按出版形式区分有：图书著作，期刊，科学报告，会议资料，政府出版物，专利文献，技术标准，学位论文，产品样本，科技档案等；按语种区分主要有：中

---

① 吴永生，刘伟. 自我学习[M]. 北京：中国工人出版社，2012：51.

文，西文(英、德、法语等)，日文，俄文等。

(2)要知道图书馆的藏书布局。图书馆设有书库和阅览室。流通书库的图书凭借书卡可以借出去阅览。阅览室分为社会科学图书样本阅览室、自然科学图书样本阅览室、中文期刊阅览室、外文期刊阅览室、文献检索工具(字典词典、类书政书、百科全书、年鉴手册、书目索引、表谱图录、标准汇编等)阅览室。各阅览室的图书资料主要供读者阅览，也可短时间借出去复印。除此之外，还有全部由多媒体计算机装备起来的电子文献阅览室，在这个阅览室可以阅读光盘资料和查找网络资源上的信息。

(3)要懂得查找图书资料的途径。查找图书资料一般有四大途径，即书名途径、著作途径、分类途径、主题途径，一般是从分类的途径查找图书。常用的图书分类法有两种，即"中国图书馆分类法"，简称"中图法"；"中国科学院图书馆分类法"，简称"科图法"。"中图法"采用的是汉语拼音字母与阿拉伯数字相结合的混合号码制标记类目，如 F7 贸易经济、TQ15 电化学工业。"科图法"采用的是纯阿拉伯数字标记类目，如 29.4 贸易经济、81.3 电化学工业。

(4)要掌握计算机书目终端操作。目前有的中学里还是使用卡片目录查找图书资料，而在大学里大多使用计算机网络书目。通过浏览计算机网络书目，就会知道图书馆是否藏有你所需要的图书。因此，同学们必须学会操作计算机终端来查找图书资料。

(5)要熟悉图书馆各种规章制度。图书馆有借、还书规则，入库规则，阅览室规则，图书污损、遗失、盗窃规定等，这些规章制度人人都必须遵守。

2. 掌握工具书的检索方法

在日常的工作和自我学习过程中常常会遇到各种疑难问题，这些问题可以通过到图书馆检索工具书的方式求得解决。

对于善于自我学习的人来说，工具书是最好的"学习帮手"。不仅在自我学习的初始阶段，需要工具书，实际上，在整个自我学习的过程中，工具书都是必不可少的学习助手。工具书具有知识性、资料性、检索性，面对浩瀚的知识海洋，工具书就好比是一个探测仪，它能够更加快速准确地找到学习者所需要的知识。所以，我们一定要发挥好工具书在自我学习中的作用。

工具书的种类有很多，用处也各不相同。因此，自我学习者要了解各种工具书的基本内容，也要熟悉并掌握各种工具书的具体检索方法，如"部首检字法""拼音检字法""四角号码检字法"等，以便迅速从工具书中找到所需的信息或资料。

(1)字顺排检法。字顺排检法是一种按照特殊顺序排检单字或复词的检索方法。一般的字典、辞典、百科全书等都采用字顺排检法，具体包括部首法、笔画法、音序法等，这种方法的优点是快捷、方便。

(2)分类排检法。分类排检法是一种按照学科体系或事物性质进行分类编排的方法。古代的类书、政书等多采用分类排检法编排，如今的手册、指南之类的工具书也采用这种方法，这种方法的特点是专业性较强。

(3)主题排检法。主题排检法是以规范化的语言作为文献标识符号的一种编排方法。国外的检索工具书大部分采用主题排检法。主题排检法是一种专业、特定的排检法，在国内，这种方法主要用于科技文献类的检索。

(4)时序排检法。时序排检法即按照事物发展的时间顺序或人物生平经历的先后顺序编排的方法。一般的年表、历表，记录个人生平的年谱、大事记等都采用时序排检法，自我学习笔记也可以用这种方法。

我们了解了工具书的具体检索方法，就可以通过最简易的方式查找到所需的内容，及时解决学习和工作中遇到的困扰和难题，提高自我学习的效率。

3. 学会积累、归纳与应用文献资料

培养和锻炼自己积累、归纳及应用各类文献资料的能力是提高自我学习能力的重要方面。

首先，要学会积累与归纳资料。这里有两层意思：一是养成长期积累资料的习惯，这是日后工作中提升自己的很重要的一种能力。二是要学会对所收集到的文献资料进行归纳、整理和分析。如果只是将资料不断积累，而不对其加以相应的研究与整合，那只能是一堆无用的死资料。在积累资料过程中，可以按专题，分门别类地对这些资料加以研习、整理，既从中感悟对自己有用的信息、观点、思想等，又可在此基础上，进行新的研究，使其创造性地得到应用。具体方法有摘记、笔记、札记、短论等。摘记就是把所需重要资料抄录下来；笔记就是记下资料要点，并写下自己的心得、评价；札记是对某一些资料学习分析，形成了一定的见解和看法，综合记录下来；短论就是综合相关札记资料而形成的小论文。我们从恩格斯的《自然辩证法》和列宁的《哲学笔记》可以看到生动的范例。

其次，要学会应用文献资料。创造性人才与"书呆子"的区别，正是在于能不能对所占有的资料、掌握的知识，在整合、分析的基础上得到科学、合理和创造性地应用。诚如英国哲学家培根所说的那样：我们不应该像蚂蚁，只会收集；也不可像蜘蛛，只从肚中抽丝；而应该像蜜蜂，既采蜜，又加工，这样才能酿出最甜的蜂蜜来。

四、网络学习法

当今，人们用电脑或用手机上网已十分普遍，网络学习已经成为现代人的一个重要学习方式。为了快速而有效的获取知识，实现最好的自我学习效果，必须讲究网络学习的策略，制订个性化的学习计划，并付诸实施。

1. 网络学习的特征

网络学习有三个优势：一是共享丰富的网络化学习资源，互联网上海量的学习资源包括各种行业网站、学科网站、个人博客分享以及专业论坛等；二是以个体的自主学习和协作学习为主要形式；三是学习不受时空限制，学习方式灵活，只要进入相关网站，就能找到学习的内容。

由于网络媒体超文本结构的基本框架决定了网络学习环境将给学习者提供大量非结构化的情景。因此，大学生在利用网络学习时应注重知识的深度理解以及知识的应用，提高自主意识，培养探索能力、思维能力和信息加工能力，领略丰富多彩的网络文化，创建属于自己的网络学习空间环境，即健康良性的循环。

网络学习具有以下四个特征：

（1）数字化。数字化是网络环境的固有属性。在数字化时代，大学生必须努力进取，充分利用网络学习实现自己的梦想。

（2）动态性。动态性是指知识和信息具有流动性。在网络化背景下，知识不仅能够被传承而且能够创新发展，而信息流则是新价值的源泉。

（3）时与空分离。时与空分离是指学习者可自由选择学习时间、学习场所。

（4）社会化平台。社会化平台是指社会化软件，如智能搜索引擎，RSS 聚合，Blog，WiKi 等。通过交互操作，实现个体间隐性知识的转化、分享和创造。

2. 网络学习原理和方法

（1）以问题为导向。大学生进行网络学习往往是带着问题学习的，注重相关知识的掌握，使自己的知识结构得到调整和拓展。在网络学习过程中，应围绕问题的解决来组织知识模块，采用关键词诱导法，锁定学习资源的最佳配置，运用所学的新知识解决实际问题。

（2）与对象交互操作。在社会化网络平台上，大学生应该充分吸纳先进的思想和技术，品味优秀的作品，提高鉴赏能力。特别是在技术网站上与同行高手交流，通过同行相互切磋交流方式，完成所学习的任务。

（3）时效和自主兼顾。基于 Web 的学习资源是开放性的、时效性的。因此，大学生应在网上浏览国内外时事，了解最新科技动态和文化动态，及时收集本专业新的知识，更新学习内容。如在中国知网（www. cnki. net）、科学网（www. sciencenet. cn）、CNKI Scholar 检索（scholar. cnki. net）、百度、Google 等上面获得新知识。大学生应与时俱进，扩大自己的视野，提高自己的欣赏水平，并激发学习热情[①]。

总之，网络学习强调自主行为，与兴趣、爱好相关联的知识要抓好长期积累工作，运用分类式学习法，做好资料整理工作，合理打造属于你自己的知识空间。

五、实践学习法

与在校学习、课堂学习相比，实践学习具有自身独特的优势——学习资源的丰富性、学习渠道的多样性、学习方式的灵活性、学习影响的潜移默化性等。因此，利用好社会这个巨大的学习空间，从实践中学习，是自我学习不可忽视的重要途径和方法。对大学生来讲，开展实践学习应从以下方面入手：

1. 充分利用"人物资源"

实践学习法使人们在社会学习空间里，用更灵活的学习方式，获得更丰富的学习资源。学习资源，总体上可分为两类：媒体资源和人物资源。媒体资源主要有教材、工具书、计算机软件、录音带、光盘等。人物资源则主要指我们身边接触的活生生的人。利用"人物资源"这种鲜明而生动的"活"的学习资源，可以大大提高自我学习的效率。

首先，在课堂以外的学习空间中，可以广泛地与人交往，广泛地接触社会生活，从而获得比书本中、比课堂教学上更广泛的信息，并由此得到更多的教益。当我们重温"三人行，必有我师焉"的千古名句时，更应感悟其中如何学习的道理。古人云"善读无字之书"，正是指在社会生活中的学习。如果能在与父母轻松自由的闲聊中，在旅途上同路人海阔天空的交谈里，在亲朋好友的至情至爱的接触中，在同学们围绕学业与人生的争论与研讨里，在志同道合的学友间既带理性色彩，又不乏幽默活泼氛围的活动里……稍加留意（或是有意识、有目的地对其观察和收集），便会得到许许多多有用的"活"资料，从而受益匪浅。在这方面，人们经常以大文豪高尔基为楷模。高尔基只上过两年小学，他之所以能成为世界顶级文学大师，正如他在名作《我的大学》中所说的，应归结于他在"社会大学"获得了丰富的

---

① 刘智运，刘永红. 大学生学习素养[M]. 北京：清华大学出版社，2014：157.

"活资料"——他的母亲、外祖父以及生活中接触到的无数人，教给了他许多书本上所没有的知识，使他懂得了许多生活道理，为他的成才打下了坚实基础。今天的大学生，当然无法去"复制"高尔基成才的经历，但应该从他在社会生活中获取学习资源的经历中获得教益和启示，这是不言自明的。

其次，在课堂教学之外，应主动"拜师结友"，以便从中获得更多的"活"资料。所谓"拜师"，即指在课余应主动向老师求学，以得到课堂教学以外的指导。不少同学因怕自己提出的问题太肤浅，会被老师看不起；或是因不善社交，非常拘谨，羞于与老师交往、请教，这都是影响自己成才的障碍。因为，老师既是同学们学习的指导者，也是社会生活中的重要的"活资源"。诺贝尔奖金获得者保罗 A·塞缪尔森精辟地讲道："我可以告诉你们怎样获得诺贝尔奖。诀窍之一就是要有名师指点。"所谓"结友"，即指要多与同学、同辈或其他朋友接触。在大学学习期间，接触到更多的是同学，也包括校外的和通过互联网结识的一些志同道合者（共同的兴趣、共同的课题、共同的专业等）。通过与同学（朋友）的广泛交往和接触，也能得到许多教益。

2. 聆听专家学者的各类讲座

应尽量争取利用课余时间，聆听专家学者们的各类讲座，这些讲座对于大学生的学业提高与成才是非常有用的。这是因为，第一，这些讲座往往是专家学者们针对大学生的专业实际、思想热点、学科前沿、最新学术动态等而精心准备的。因此，较之课堂教学来说，更具即时性和针对性，对开阔视野，扩展知识面，形成整合互补的知识结构等，均是大有裨益的。第二，这些讲座往往也是专家学者们多年研究（甚至一生研究）的学术成果的结晶。在讲座中，不仅包含着专家们的学术水平、思想，也包含着他们在研究中的经历、经验以及创造性思维等，因而也往往是一般课堂教学无法企及的。

3. 勇于亲身实践

俗话说："读万卷书不如行万里路。"现代人除了要汲取他人的知识养分和经验之外，获得经验更重要的途径是靠自己去实践。懂得多并不代表能力大，书本上的知识与现实生活总会存在差距，要想将所学知识准确地运用到现实生活中，唯一的途径就是自己亲身实践，并在实践中去验证所学的知识。

实践是自我学习的最后行动，也是自我学习者的最终目标，不进行实践的自我学习是盲目的，没有经过实践检验的自我学习等于无用功。"学以致用"是自我学习的基本原则，实践是自我学习的归宿。自我学习的效果如何，应该做出哪些方面的调整，都必须以实践为依据。脱离了工作实践，任何自我学习计划、自我学习成果、自我学习工具都会失去原本的意义。

在自我学习过程中不但要意识到实践的重要性，还要注意实践与自我学习的相互作用。如果实践出了问题，不仅需要从问题中寻找经验和教训，还要及时调整自我学习的方向和目标，从而避免在以后的实践中出现类似的错误。

实践不仅仅是自我学习的目标和结果，它还是影响自我学习的方向和方法的重要因素之一。因此，作为大学生应经常参加各种不同的社会实践活动。比如，学医的可以通过义诊为社会民众服务；学法的可以义务宣传法律知识，通过法律咨询，进行法制教育；学教育的则可到相关学校组织中小学生开展各种活动等。只有将自我学习与实践紧密地联系起来，才能在两者的相互影响中，及时调整自己的学习计划和目标，为更好地实现实践活动打下坚实的基础。

3.2　能　力　故　事

一、顾炎武的读书方法

　　明末清初爱国主义思想家顾炎武，学识渊博，在长期自学中创造了许多良好的读书方法，值得我们借鉴。

　　（1）背诵与抄写。他 11 岁读《资治通鉴》，规定了每天必读的卷数，不但要读过能够背诵，而且还要把这几卷书抄写一遍，使自己印象深刻。

　　（2）四勤。他读书不仅眼勤、脑勤，而且手勤、笔勤。每天晚上他都要把一天学习的心得体会写成札记，30 年从不间断，汇集成具有极高思想学术价值的《日知录》。

　　（3）定期复习。他每年春秋两季，按照预定的计划，温习半年来读过的书籍，做到温故知新，巩固记忆。

　　（4）边调查，边读书。他 45 岁后，游历各省，长途跋涉，实地考察，访问学者，相互切磋，行程两三万里，读书一万多卷。

　　（5）学以致用。他刻苦学习前人的著作，注意联系当时的现实问题，穷源探本，提出自己的见解，在天文、历算、地理、历史、音韵、金石、考古等方面都作了精深研究，写下了许多重要著作 [1]。

思考与讨论

　　（1）顾炎武在自学中创造了哪些良好的读书方法？
　　（2）你认为顾炎武最重要的读书方法是哪一种，为什么？

二、善学的小刘

　　小刘 1980 年从技校毕业，只身来到上海液压泵厂做了一名学徒。在工厂工作期间，他为了成为一名优秀的员工，每天都认真阅读和研究与液压泵有关的专业书籍，通过自我学习掌握了车、钳、刨、磨、铣，以及金属切削加工一整套的专业技能。

　　不仅如此，他还利用业余时间自我学习完成了大专和本科的所有课程，不仅弥补了自己没能读大学的遗憾，而且提高了知识素养，并提升了自身价值。知识与技术兼备的小刘，曾先后两次被企业派往瑞士参加职业培训，进一步学习企业数控机床的编程、调试、维修等技术。

　　事业上如日中天的小刘依然没有放弃自我学习和读书的习惯，他认为读书的最大益处就是把本职工作做好的同时还能汲取更多的知识，并为企业的良性发展做出更大的贡献。

　　著名的微软公司曾对内部员工做过一个调查：每个微软员工所掌握的全部知识技能中，仅 10 ％的员工是依靠过去学习和工作积累的经验，90 ％的员工都是在进入微软后通过不断地自我学习取得的 [2]。

---

[1]　http://www.qstheory.cn/tbzt/jsxxxdzz/yd/mrzx/201003/t20100321_24824.htm.
[2]　吴永生，刘伟. 自我学习[M]. 北京：中国工人出版社，2012.

思考与讨论

(1) 小刘运用哪些自我学习方法提高自己？

(2) 本案例对你有何启示？

三、华罗庚的特殊自学方法

年轻的华罗庚当年在清华大学数学系当助理员时，创造了一种特殊的自学方法。

他在灯台下拿来一本书，对着书名考虑一会儿，然后熄灯躺在床上，闭目静思。他设想这个题目到自己手里，应该分作几章几节。有的地方他能够顺利解决，也有的地方会遇到困难。然后翻身下床，在灯下把疑难之处反复看几遍，深深地铭刻在脑子里。一本需要十天半月才能看完的书，他一两夜工夫就看完了。

华罗庚坚持运用这种自学方法，学问很快大大长进。不久，就被系主任熊庆来教授提拔为助教。

华罗庚对自学深有体会，他说："自学者，身边没有老师，在碰到问题的时候，非靠自己动脑筋解决不可。这对于锻炼独立思考能力大有好处。"独立思考能力，对于从事科学研究或其他任何工作，都是十分必要的。从这个意义上说，自学是通向科学创新的一条光明大道[①]。

思考与讨论

(1) 说说华罗庚的特殊自学方法有何好处。

(2) 为什么说自学是通向科学创新的光明大道？

四、艺多不压身

身为上海百联集团有限公司的技术服务总监，王震就是一个知识与技术水平都较高的代表人物。为了保持百联集团在同行业中的主导地位，王震一直坚持着读书的习惯，除了阅读与摄影有关的专业书籍，他还会大量阅读文学、哲学、法学类的图书。

王震常说："现代服务业需要一大批掌握高级应用技术的营业员……充分的实践同样需要先进的理论与思想的指导，学习是成功的基石，应用是创意之本。"

另外，王震还经常浏览一些权威性的摄影网站，吸纳新鲜的理念与技术，从而为百联能够不断创新和提供优质服务，更好地满足消费者需求打下基础。

正是有了日复一日的学习和积累，王震的摄影知识掌握得越来越全面，摄影技术也得到了质的提升。摄影技术日渐成熟的他还先后出版了一些专业书籍，把自己摸索的摄影技巧和理念分享给更多的人，例如：《数码照相机操作指南》《数码照相产品的选购与使用》《数码摄影宝典》等7部专业摄影书籍 [②]。

① http://www.dazhihui008.cn/z/146501/LiGengFuZhiGu.html.

② 吴永生，刘伟. 自我学习[M]. 北京：中国工人出版社，2012.

![思考与讨论]

　　(1) 王震如何让自己的头脑与技术都得到了完善？

　　(2) 请结合案例谈谈自己的学习方法和途径。

五、毛泽东的读书笔记

　　"不动笔墨不看书"，这是毛泽东同志非常赞赏的他的老师徐特立的读书方法。从青年时代起，毛泽东身体力行这条成功的治学经验，而且坚持不懈。他常说，读书的方法要"四多"——多读、多写、多想、多问。这里说的多写，也就是多做读书笔记。

　　毛泽东的读书笔记有以下几种形式：

　　1. 内容摘录

　　毛泽东青年时代，课堂听讲写"讲堂录"，课后自修写"读书录"，选抄全篇文章的"选抄本"，摘录精要的"摘录本"，共有好几网篮。毛泽东长期保持着这种做读书笔记的习惯。在延安时，毛泽东看了艾思奇的《哲学与生活》摘录，约 3 000 字。他写信给这位哲学家说："你的《哲学与生活》是你的著作最深刻的书，我读了得益很多，抄录了一些，送请一看，是否有抄错。其中有一些疑点(不是基本的不同)，请你再考虑一下……"这样就把读书与研究、探讨结合了起来。

　　2. 标记符号

　　毛泽东每读一本书，都要在重要的地方画上圈、杠、点等各种符号。早年读的德国泡尔生著、蔡元培译的《伦理学原理》，全书逐字逐句都用毛笔加以圈、点、单杠、双杠、三角、叉等符号，在延安时读的《共产党宣言》《资本论》《哥达纲领批判》《列宁选集》《国家与革命》《列宁关于辩证法的笔记》《斯大林选集》，许多段落、章节都作了圈点与勾画。20 世纪 50 年代初开始一直陪伴他的一套乾隆十二年武英殿版线装《二十四史》850 册，每册都有他圈点、勾画的标记。现存中南海的毛泽东藏书，由于不少书反复阅读，每读一次就用一种颜色的笔圈点、勾画，以致朱墨纷呈、点线交加。

　　3. 旁注批评

　　《伦理学原理》全书 10 万多字，但毛泽东用工整的小楷写在页边、行间的批评就有 12 100多字。延安时期读的《辩证法唯物论教程》的两个版本，毛泽东在书眉与空白处写了 13 000字的批评，其中第三章"辩证法的根本原则"，他用秀丽的行草字体写了近千字的批评，对原著作了扼要概括，既有赞同的评语，又有联系中国革命实际对某些观点作的引申、发挥。他在《旧唐书》中《李义府传》《杨再恩传》《刘幽求传》的页边上分别写道"李义府笑里藏刀""杨再恩是佞人""刘幽求能伸不能屈"。寥寥几字，把读书的"意见和感想"表达得相当精辟。

　　4. 读书日记

　　1937 年，李达把刚出版的《社会学大纲》寄给毛泽东，毛泽东读了很高兴，认为是中国人自己写的第一本马克思主义哲学教科书。他反复精读这本好书，并续写中断的读书日记。日记第一篇写道："二十年没有写过日记了，今天起再来开始，为了督促自己研究一点学问。"此后，他每日认真记下读书进度。

5. 改错纠谬

对书中不正确的观点或引用不当的材料，他用笔记形式改正。如《南史》的《孔靖传》说："十岁便能为盗，长大何所不为？"毛泽东指出此说不正确，十岁为盗，长大不一定为盗，可惜这种形而上学的推论，"今天也还有之"。在《辩证唯物论教程》旁批中，毛泽东用简略的话指出不正确处，如"此例不甚清……""这种说法是不对的"，等等。毛泽东读书非常仔细，连书中错别字、不妥当的标点符号也一一加以纠正。这反映了毛泽东严谨的治学态度与刻苦的攻读精神。

6. 评价推荐

毛泽东笃志嗜学，博览群书，孜孜不倦，读到具有现实意义的要篇时，就热心向全党或党的领导干部介绍推荐。20 世纪 50 年代，他读到《三国志》的《张鲁传》《郭嘉传》，向党内作了推荐。在推荐《郭嘉传》时，他希望领导干部从中得到启示，说话办事情要"多思""多谋"，反对少谋武断。读到汉代文学家枚乘的《七发》，他又写了千余字的书评，一起印发党内。1965 年，当他读到《后汉书》中的《黄琼传》《李固传》时，又认为两人的传略值得一读，在反复研读后，批了"送刘、周、邓、彭一阅""送陈毅同志一阅"。毛泽东这种独特的读书笔记对全党读书学习风气的形成，无疑是个有力的推动[①]。

思考与讨论

（1）结合本案例谈谈如何才能提高读书效果？

（2）你是怎样读书的？请将你的读书方法与同学们分享一下。

六、"渔王"的烦恼

有个渔民因为有着一流的捕鱼技术，被人们尊称为"渔王"。"渔王"年老的时候遇到了烦恼，因为三个儿子的捕鱼技术都很平庸，没能继承他的捕鱼技艺。他经常向朋友诉说心中的苦恼："我真不明白，我捕鱼的技术这么好，为什么儿子们的技术这么差，我从他们懂事起就传授给他们捕鱼技术，从最基本的技术教起，告诉他们最容易捕捉到鱼的织网方法。他们长大了，我又教他们怎样识潮汐、辨鱼汛……我把自己多年来总结的经验，毫无保留地传授给了他们，可他们的捕鱼技术竟然赶不上我。"

"渔王"的朋友说："你一直手把手地教他们吗？"

"是的，为了让他们得到一流的捕鱼技术，我教得很仔细。"

"他们一直都跟随着你吗？"

"是的，为了让他们少走弯路，我一直让他们一步一步地跟着我学。"

朋友说："你的错误已经很明显了。你只教给他们技术和常识，却没有办法传授他们经验和教训，如果你让他们自己去实践，也许他们的技术会提高很多。因为有些事情是需要亲自实践才能知道的。[②]"

① 吴光远. 记忆力学习力思维力大全集[M]. 北京：新世界出版社，2011.

② http://www.7wenta.com/topic/D189952907A83424528888C15E067E45.html.

✦ 思考与讨论

(1)"渔王"年老的时候为什么苦恼？"渔王"的失误是什么？
(2)你认为这则故事仅仅在批评"渔王"吗？

3.3　能力训练

一、读书笔记训练

请阅读《成功路上的四盏灯》这篇文章，做一份读书笔记，在读书笔记中，对文章做一个小结，并与同学讨论。

成功路上的四盏灯

我的朋友唐恩自认为是当音乐家的料。可是在我记忆中，上初中时他演奏手鼓并不怎么高明，唱歌又五音不全，实在让人不敢恭维。光阴似箭，我们中学毕业后即失去了联系。我念大学，读研究生，尔后成为了玛丽大学的哲学教授。唐恩则为实现当歌唱家兼作曲家的理想，去了"乡村音乐之都"纳什维尔。

唐恩到那儿后，拿出有限的积蓄买了一辆旧汽车，既做交通工具又用来睡觉。他特意找到一份上夜班的工作，以便白天有时间光顾唱片公司。在这期间，他学会了弹吉他。长时间里，他一直在坚持写歌练唱，叩击成功之门。

有一天，我接到一位跟唐恩相识的朋友打来的电话："听听这首歌。"他说罢，将话筒靠近扬声器。刹那间，我听到了一阵美妙动听的歌声。真不愧是个出色的歌手！"这是卡皮托尔公司为唐恩出的唱片。"朋友在电话中说，"他在全国每周流行唱片选目中名列前茅，你能相信吗？"我的确难以置信：这首歌就是唐恩自己写自己录制的？然而，唐恩确确实实做到了。不仅仅如此，在当时一套畅销的乡村音乐唱片集中，主题歌《赌徒》也是唐恩的杰作。

从那时起，唐恩·施里茨创作演唱了 23 首顶呱呱的歌曲。由于他专心致志，全力以赴，他的梦想实现了。

唐恩基于直觉做出的选择，也使我从有关人类美德和个人成功的伟大文学作品中发现了原则。我认为，若想使自己真正踏上成功人生的胜境，就需要满足下列四个基本条件：

1. 方向之灯

"如果你不知道自己的方向，你就会谨小慎微，裹足不前。"

不少人终生都像梦游者一样，漫无目标地游荡。他们每天都按熟悉的"老一套"生活，从来不问自己："我这一生要干什么？"他们对自己的作为不甚了了，因为他们缺少目标。

制定目标，使意志朝某个方向努力的高度集中。不妨从你渴望的一个清楚的构想开始，把你的目标写在纸上，并写出在实现它的时间。莫将全部精力用在获得和支配目标上，而应当集中于为实现你的愿望去做、去创造、去奉献——制定目标可以带来我们需要的真正的满足感。

自己设想正在迈向你的目标，这尤为重要。失败者常常预想失败的不良后果，成功者则设想成功的奖赏。从运动员、企业家和演说家中，我屡屡看到过这样的情况。

2. 交往之灯

"结交比你更懂行的人。"

我父亲 17 岁时离开北卡罗来纳州的农场，只身前往巴尔的摩马丁飞机公司求职。在被问到他想做什么工作时，父亲回答说："干什么都可以。"

他解释说，自己的目标是学会厂里的每一项工作，他乐意去任何一个部门。父亲被录用后，一旦管理员确认他的工作不比别人的逊色，他就提出去不同的另一个部门，重新从头开始。人事主管同意了这一不寻常的请求。到父亲年满 20 岁时，他已从这家大工厂脱颖而出，承担起实验方案的攻关，薪水相当不菲。父亲只要去一个新的部门，总是去向经验丰富者请教。而一般的新手通常会避开这种人，生怕靠近他们会使自己看上去像个初出茅庐者。

我父亲向这些人请教他所能想到的每一个问题。他们也很喜欢这个不耻下问的年轻人，遂把自己摸索出来、别人从未问过的捷径指给他。这些热心人成了我父亲的良师益友。无论你的目标是什么，都要计划跟那些比你更懂的人发展关系，把他们作为你努力的榜样，不断调整、改进自己的工作。

3. 梦想之灯

"成功者不过是爬起来比倒下去多一次。"

成功者与失败者之间最大的区别，通常并不在于毅力。许多天资聪颖者就因为放弃了，以至于功亏一篑。然而，成就辉煌的人决不轻言放弃的。

有一天我去上班时，碰见了丹尼尔·卢迪——他现在是一位富于鼓动性的演说家。卢迪在伊利诺伊州乔列特长大，从小就听关于圣玛丽大学的神奇传说，梦想有一天去那儿的绿茵场踢足球。朋友们对他说，他的学习成绩不好，又不是公认的体育好手，休要异想天开了。因此，卢迪抛弃了自己的梦想，到一家发电厂当工人。

不久，一位朋友上班时死于事故，卢迪震骇不已，突然认识到人生是如此短暂，以致你很可能没机会追求自己的梦。1972 年，23 岁的他读印第安纳州圣十字初级大学。卢迪在该校很快修够了学分，终于转入圣玛丽大学，并成为了校队准备比赛的"童子军队"的一员。

卢迪的梦想很快要成真了，但他却未被准许穿上球衣比赛。翌年，在卢迪多次要求下，教练准许他可以在该赛的最后一场穿上球衣。在那场比赛期间，他身着球衣在圣玛丽校队的替补队员席就座。看台上的一个学生呐喊道："我们要卢迪！"其他学生很快一起叫喊起来。在比赛结束前 27 秒钟时，27 岁的卢迪终于被派到场上，进行最后一次拼抢。队员们帮助他成功地抢到那个球。

17 年后我同卢迪再次相遇，是在圣玛丽大学体育馆外的停车场。一个电影摄制组正在那儿，为一部有关他的生平的电影拍外景。卢迪的故事说明：你只要怀有一个梦想，便没有办不到的事。

4. 进取之灯

"回顾并更新你的目标。"

不时重新看看你的目标表，如果你认定某个目标应该调整，或用更好的目标取而代之，就要及时修改。当你达到了自己的目标，或是向它迈进了一步时，不妨庆祝一下。用你所喜欢的任何方式，来纪念那一特殊的时刻，重燃理想之火。但不应该就此止步。在一个目标达到后，许多人便松懈下来了。正因为如此，今年排名第一的销售代理，很可能成为明日黄花。

我在一幢旧宅里住了多年。每当我在寒冷的日子里调温度调节器时，年代久远的取暖炉必定燃烧得更旺，直到温度升上新一档。一达到我定的温度，它便自己停下来，温度不再往上升。

人类的趋向就像那个取暖炉。我们很容易满足于自己已达到的目标，不再要求上进。其实，为了不让希望落空，我们应当制定新的目标，不断向新的高度攀登[1]。

二、作品意义分析训练

阅读成语故事，发现"滥竽充数"故事所包含的多层意义，对作品进行意义分析，体验阅读中思考与发现的乐趣。

齐宣王使人吹竽，必三百人。南郭处士请为王吹竽。宣王说之，廪食以数百人。宣王死，湣王立。好一一听之，处士逃。

大家非常熟悉这个成语故事，长期以来，我们认为它的意思是批评一个人不懂装懂，对南郭先生持一种嘲笑态度。

那么，请你重新仔细阅读原文，看看文章还能够如何理解，可能含义不止一两个。

请思考以下问题：

（1）仔细思考一下，我们平时的理解是否有不全面的地方，南郭先生有没有值得肯定的地方？

（2）造成南郭先生滥竽充数的社会条件和自身原因有哪些？

（3）这个故事在现代管理上有何启示？

提示如图 3-2 所示。

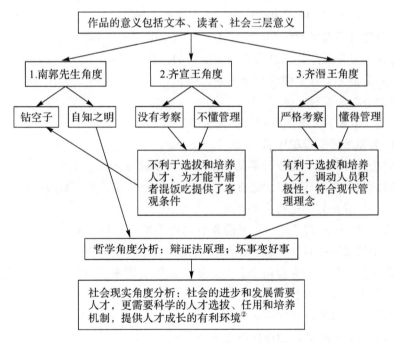

图 3-2　提示

① http://www.wsbedu.com/kejian/zkgk-7-lzgs.html.

② 人力资源和社会保障部职业技能鉴定中心. 自我学习能力训练手册[M]. 北京：人民出版社，2011.

三、网络学习法训练

李明准备应聘一家手机销售公司的业务员，这家公司主要销售"小米"手机，请你帮助他做如下准备工作：

（1）通过网络查找 10 篇有关"小米"性能与销售且具有影响力的文章，并告诉他如何才能有效地去学习。

（2）提出 10 个很有针对性的"小米"性能与销售的问题，并选择其中一个问题与你的三位同学一起讨论，看谁对问题的理解角度更加新颖。

（3）拟订一份"小米"销售创意方案①。

四、良好的阅读习惯与能力自测

一个人的学习能力，主要看其所具有的知识素质如何，与他是否经常形成良好的学习习惯以及是否经常阅读有很大的关系。设计这样一个测评，有助于认识你自己阅读的弱点，结合自己的实际情况，找出自己存在的弱点，提高自己有效执行力。

你是否具有良好的阅读习惯与能力

1. 你认为有必要加强学习吗？尤其是看上去经常被忽视的"非专业"知识的学习？

2. 你经常为自己确定一个明确的学习目标吗？

3. 你在学习过程中，始终怀有一个明确的阅读目的吗？

4. 你在阅读结束时，脑子里会浮现一些阅读的片段吗？

5. 你是否把读书看报看作是你生活中不可缺少的组成部分？

6. 你以为学习是提高公务员公共服务能力的主要途径吗？

7. 你认为你是一个善于阅读和学习的人吗？

8. 你视读书为乐事吗？

9. 读书时，你常常考虑作者的写作风格吗？

10. 你认为你的词汇量很丰富吗？

11. 你对法律法规或者是管理类的术语是不是很敏感？

12. 在阅读时，你是不是经常把自己经历的具体的行政事务联系到一块？

13. 你认为你有良好的记忆力吗？

14. 在读书时，你的脑子里是不是经常冒出许多新鲜的问题来？

15. 你能根据阅读的目的和读物的性质而变换阅读的速度吗？

16. 你在阅读与你无关专业的书目时，是不是能迅速地把所学的知识运用到你的专业之中，来提高你的执行能力？

17. 在阅读时，如果遇到你不懂的地方，你是不是经常向别人请教？

18. 在阅读时，你能聚精会神而不想入非非吗？

19. 你对自己所学的知识有良好的记忆力吗？

---

① 人力资源和社会保障部职业技能鉴定中心. 自我学习能力训练手册[M]. 北京：人民出版社，2011.

20. 读完书时，你能用有意义连贯的方式来概括其中的主要观点吗？

21. 你对具体依法行政的案例类的书籍感兴趣吗？

22. 你善于带着现实的问题去阅读吗？

通过对这 22 个问题的回答，你可以了解到你自己的阅读状态有没有达到可能达到的水平。一个学习能力较高的人应自信用"是"来回答所有的问题。但是在实践中，你如果对自己的阅读能力和欣赏能力不满意，那么上面的问题是促使你能够学习和提高的可靠的方法。你需要有决心来提高自己的能力和知识素质，你必须加强自我学习，并学而用之，那你一定会不断进步[①]。

拓展阅读：关于学习的精彩片段

◆ 与其说"失败是成功之母"，倒不如说"学习是成功之母"。不好好学习，失败可以成为失败之母，成功也可以成为失败之母。只有学习才是真正的成功之母，永恒的成功之母。

◆ 人非生而知之、生而能之，皆是学而知之、学而能之。如果爱因斯坦出生时，就把他扔给狼群，一定会成为"狼人"；如果比尔·盖茨出生时，就把他扔给熊群，一定会成为"熊人"。可以断言，没有哪一个人的才能，不是靠学习造就的。

◆ 面对本领恐慌，怎么办？唯一的出路在于学习。但，绝不是传统学习。传统学习不仅不能克服本领恐慌，而且正是产生本领恐慌的根源。

◆ 偶然的机遇不足恃，到手的财富不足恃，唯一可靠的保障是才能。才能从何而来？诸葛亮在《诫子书》中给出了答案：非才无以为贵，非学无以广才。

◆ 真正的学习革命，必须进行系统思考、系统设计，使为何学、学什么、怎么学系统最优化。

◆ 知识爆炸、知识共享、即时通讯、即时查询。这四大时代变革，是以往任何一个时代都不曾有过的，它们共同决定了我们今天的学习该如何"革命"。

◆ 在古代，武林高手们常常为了一本书大打出手，争得头破血流，在今人看来很难理解。为一本书，何至于此？这恰恰说明了古代与今天的本质区别：以前是知识垄断时代，今天是知识共享时代。"当今世界我们每个人都可获得人类所有的知识、智慧和美的遗产。这样的时代在人类历史中是首次出现。"

◆ 假如有人问我："林肯是哪一年去世的？"我答不上来。但这并不能证明我不是一个人才。我会对他说"过一会儿告诉你"，我可以从网上或者电子出版物上很快地查找出来。

◆ 学习的内容，不外两类，一类是随时代一起变化的东西；一类是超越时代而不变的东西。然而最根本最重要的只有一项——学会学习。

◆ 每个人手里都掌握着使自己伟大和幸福的工具，要使自己幸福和伟大，主要在于改变能力，改变能力的工具就在学习。

◆ 夏丏尊先生说得好："当你读错一本书的时候，不要以为你只是读错了一本书，因为同时，你也失去了读一本好书的时间和机会！"同样，当你把精力花在一个价值很小的课程

---

① 徐颂陶. 学习能力 [M]. 北京：人民出版社，2005.

上，同时也失去了学习价值很大的课程的时间和机会！

◆ 为什么英语教学是"一壶烧不开的温水"？最根本的原因就在于不能集中突破，断断续续地学。这就像烧开水一样，如果烧到 10 ℃就停了，冷却到 2 ℃又烧，再烧到 15 ℃，又停火了，搁在一边冷到 3 ℃又烧……这样断断续续地烧，一壶水烧几十年用一万吨柴也烧不开。假如集中火力连续烧，一鼓作气，一次烧开，十斤柴就够了。

◆ "有所不为，才能有所为"，放得下，才能拿得起。对次要的东西舍不得，丢不掉，放不开，在主要方面就难有收获。尼采说："我对有的知识永远不想知道——智慧给认识也划清了界限。"有所不知，才能有所知；有所不学，才能有所学。不仅要有所学，有所不学，还要有所深学，有所浅学。

◆ "所谓教育，应在于学校知识全部忘光后仍能留下的那部分东西。"（爱因斯坦）把学习定于知识，特别是书本知识，到头来有的知识老化无用了，有的忘光了，还剩下什么？什么都没有，只能沦为一个可怜的穷光蛋，本领穷光蛋。

◆ 从毛泽东"下全副功夫，向大本大源探讨"，到诸葛亮全得益于"独观大略"，再到爱因斯坦的最大本领就是"识别出那种能导致深邃知识的东西，而把其他许多东西撇开不管"，无不说明重在"治大"，重在治"大本大略"，是最高明最重要的方法论。

◆ 诺贝尔物理学奖获得者格拉肖在回答"你认为培养一个杰出的科学人才的关键是什么"这个问题时，说："我认为关键在于让年轻人停止当学生，而是使他们开始成为物理学研究者。"停止当学生，直接开始研究，一步到位，这也许是最简便、最有效的办法。

◆ 既要因材——根据自身资质而学；又要因志——根据自身志向而学。每一个人的资质不同，志向不同，需要就相应不同，所学内容理应不同。

◆ 学习，是一项最重要的投资，一项伴随终身最划算、最有效、安全的投资。任何一项投资都比不上这项投资。富兰克林说："花钱求学问，是一本万利的投资，如果有谁把所有的钱都倒进了脑袋中，那就绝对没有人能把它拿走了！"古人尚且懂得学习"是一本万利的投资"，尚且懂得"良田万顷，不如薄技在身"，我们难道还不如古人？

◆ 我们的时代是空前巨大变革的时代，并且变革的速度越来越快，使人感到许多变化来得异常突然。东欧剧变、苏联剧变，异常突然；全球化狂飙猛进，异常突然；各种根本技术的巨大突破，如多媒体技术、网络技术、纳米技术、基因技术的巨大突破，异常突然；特别是科学家宣布："从基因破译的进展可以预期，在 2030 年之前，人类就能够掌握控制衰老的基因，从而延长人类的寿命，实现长命千岁的愿望"，这更使人感到异常突然。综观我们世界的种种巨变、突变，深感我们的时代已经进入 100 倍速、1000 倍速、10 000 倍速的时代，进入"今天的 10 年超过过去的 10 万年"的时代。

◆ 一个人、一个企业、一个组织、一个国家、一个民族，欲取得成功，必须与时代同步。古语云"识时务者为俊杰"；今天则要说"识时代者为俊杰"。一个有头脑的人，要在环境欲变未变之时，见微波而知必有暗流，闻弦歌而知其雅意，处晦而观明，处静而观动。这方是智者之所为。假若对时代变迁视而不见，混混沌沌，必被时代抛弃。

◆ "不是我不明白，而是这世界变化快"。适者生存，只有相应地变化快，才能做"适者"。处在这个"唯一不变的就是变化""变化的旋风愈转愈快"的"十倍速"时代，你唯一的选择就是变化得更快。

◆ 中国有一句古话：天不变，道亦不变。实际上，天在变，道亦在变。新世纪，新时代，科技、经济、政治、思想等各个方面，都面临着千年未有之剧变。

◆ 五百多年前，明朝有个叫万虎的人，把自己绑在47支火箭上，想飞上天去。他在一声巨响中被炸得粉身碎骨。当年嘲笑万虎"粉身碎骨"的凄惨结局的人，怎能想到今天我们能够飞上蓝天、征服太空？

◆ 一切都是可以改变的。古代做不到的，并不代表当代做不到；昨天办不到的，明天就会变成现实。人类拿以前的"不可能"作为今天的"不现实"的愚昧的限制时，那等于自己在给自己制造一个最大的悲剧。

◆ 什么是革命？革命，是重大变革或根本变革。我们时代的重大变革绝不是单方面的，而是在一切领域都发生着空前的、全方位的、令人难以想象的巨大变革。美国人类学家约翰·普拉特早在20世纪60年代末就说过："当前变革之巨大犹如10次工业革命和基督教改革加在一起发生在一代人之内！"几十年前就已如此，今天的变革之全面、深刻、巨大更是无法用语言来形容。用"革命时代"来命名，最能够把握我们时代最本质的特征。

◆ "如果可能，那就走在时代的前面；如果不能，那就决不要落在时代的后面。"一个人、一个企业、一个国家，欲取得成功，必须与时代同步。

◆ 在技术层出不穷、发生空前变革的今天，逼得我们要做出选择，选择什么样的新观念来面对新技术？如果依然固守陈旧的观念、错误的观念，那么不是错失机会，就是自咽苦果。

◆ 智慧的巨著《易经》提出了"三易"——"变易""简易""不易"。随时代变化的是"变易"，超越时代不变是"不易"。我们要用"简易"的思维方式，选择和掌握"不易"的，以适应时代"变易"的需要。

◆ 我们正处在万年未有的大变局——物质生产力、知识生产力、人本生产力神奇突变的时空点上。高自动化使物质生产力发生突变——趋零生产；高智能化使知识生产力发生突变——神脑科研；高神性化使人本生产力发生突变——天才辈出。这一切变化之巨大、之突然，空前未有！①

课 后 练 习

1. 如何才能做到高效读书？

2. 作为一名培训的接受者，如何通过加强自我学习改善培训效果？

3. 怎样才能更好地积累、归纳与应用文献资料？

4. 网络学习的优点和缺点各是什么？网络学习如何做到扬长避短？

5. 你能快速上网查询专业所需的资料吗？你可以上网与他人交流、评议相互的作品吗？

6. 你参加了哪些与所学专业有关的社会实践活动？有什么收获？

---

① 徐颂陶. 学习能力[M]. 北京：人民出版社，2005.

任务4 自我学习管理

我们每个人手里都有一把自学成才的钥匙，这就是：理想、勤奋、毅力、虚心和科学方法。

——华罗庚

训练目标

（1）了解自我学习管理的意义；

（2）认识自己在学习活动中常见的学习障碍，分享自我学习中调适的心得与经验；

（3）掌握自我学习管理的方法，能科学管理时间、科学用脑、注意知识积累与总结；

（4）能结合自身实际，提升自我学习能力。

4.1 能力基础

学习是个体在现代社会中生存的必要条件，对大学生而言，学习既是大学生活的重要组成部分，也是进入大学的主要任务，学习的重要性不言而喻。但面对日新月异、纷繁多变的社会，仅靠接受学习是远远不够的，因此大学生应学会自我学习，学会对自我学习进行科学管理。自我学习能力是个人的核心竞争力。正如我国著名科学家钱伟长所说："一个人在大学四年里，能不能养成自学的习惯，学会自学的习惯，不但在很大程度上决定了他能够学好大学的课程，把知识真正学通、学活，而且影响到大学生毕业以后，能否不断地吸收新的知识，进行创造性的工作，为国家做出更大贡献。"

本章从知识积累与总结、时间管理、科学用脑和克服学习障碍几个方面，引导大学生对自我学习进行科学管理，提高自我学习能力，实现个人的可持续发展。

一、注重知识积累与总结

进入大学后，学习仍是大学生的主要任务，但大学生的学习不同于高中时的学习，自我学习能力的高低变得尤为重要。而且当今及未来社会中对人才的评价标准，要求学生在学习过程中不能被动地接受，而要学会质疑，学会思考，学会发现问题和解决问题。只有这样，才能提升自身的学习能力，适应社会发展。但是，自我学习能力并非是凭空提升的，它需要知识的积累和总结。只有在注重知识积累与总结的基础上才能真正提高个体的自我学习能力。

1. 自我学习贵在坚持与积累

人的一切本领都来自于学习，机遇与成功，往往垂青于那些用心学习、坚持学习、不断自我学习的人。荀子在《劝学》中说过："不积跬步，无以至千里；不积小流，无以成江海。"做任何事情都应从一点一滴做起，否则就不可能有所成就。自我学习也不例外，若没有平时的日积月累，要想取得学习进步，只能是一厢情愿。

古往今来，凡是在学业上有所作为的人没有不注重坚持与积累的。据《明史·张溥列传》中记载：张溥小时候很好学，所读的书必然要手抄下来，抄完了，朗诵过了，就烧掉，然后又抄，像这样六七遍才算完。右手拿笔的地方，手指和手掌都磨出了老茧。因此他把自己读书的房间称为"七录斋"。是坚持和积累成就了张溥的学问，使他最终成为一位著名的文学家。

我国清初著名小说家蒲松龄年轻时曾为自己写了一副对联来激励自己学习："有志者，事竟成，破釜沉舟，百二秦关终属楚。苦心人，天不负，卧薪尝胆，三千越甲可吞吴。"蒲松龄借用项羽破秦和勾践灭吴的典故，来表达自己刻苦学习的决心。

与他的豪言相比，蒲松龄做得更好。他坚持每天记录自己的学习情况，诸如读了什么书，写了多少文字，听到了哪些故事，有什么体会等。坚持天天记录，到晚上临睡前还要进行自我检查，检查是否按计划完成学习，若没有完成，则一定抽时间完成，即使当天补不上，也要在今后的学习计划中落实。同时还要查看记录是否有遗漏，若有则坚持补上。就这样每天坚持学习，脚踏实地，从不懈怠，蒲松龄不仅读了经史子集、诗词、歌赋等大量文章，还阅读了天文地理、医药、农学、野史等大量资料，同时还深入百姓生活，虚心听取百姓中流传的故事与传说。他坚持读书不断，笔耕不辍，最终成为一名优秀的小说家，他的《聊斋志异》家喻户晓、广为流传[①]。

积累知识需要"专心致志"。我国著名书法家赵朴初先生曾在一本书中题诗"壹志金可镂，多闻道不穷。艰难成学业，终达妙高峰"。意思是，只要一心一意，专心致志于某一方向、某一事业，善于积累，坚持不懈，就可能学有所获，达到成功的高峰。

积累知识就要做到"积少成多，聚沙成塔"。积累是由微小到伟大的捷径，关键就看自我学习者能否坚持下来。据说，著名数学家苏步青教授把会前会后、饭前饭后的时间比喻为"零头布"，并加以利用。他说："别看时间零碎，分分秒秒的时间好比'零头布'，只要充分利用，能做不少事。"天大的学问也是由点滴积累而成，苏步青教授的成功也与他挤时间学习分不开。可是我们身边有许多人看不起一次次的积累，不重视平时的一点一滴，到需要的时候，才明白积累的道理就为时已晚了。

2. 自我学习贵在思考

在现代信息社会中，充斥着大量的良莠不齐的信息和资讯，若不会分辨与思考，则难以获得知识和有益的成长，自然也就谈不上自我学习能力的提升。学习知识与学会思考相比，学会思考更为重要；学会书本知识与学会总结相比，学会总结，融会贯通，学以致用更重要。因此，在大学生自我学习过程中，切忌盲目接受、人云亦云。我们常说，"读书不思考，等于吃饭不消化""读万卷书，不如行万里路"，都是强调读书要善于思考，善于在现实中进行检验和总结。"行成于思毁于随""可疑而不疑者，不曾学；学则须疑"，这些有关学习

---

① 杜克丁. 学习的智慧[M]. 北京：国防工业出版社，2013：50.

的名人名言也告诉我们思考对于学习的重要性。

我们每个人都希望自己在学习、工作和生活中有很强的思考力，能够善思、善学。可以说，思考构成了一座桥梁，助我们进入探索的世界，使我们获得新知识和能力。大学生要想提高自己的自我学习能力，就需要善于抓住思考的机会，提高思维能力。

而抓住思考的机会可从以下几方面进行：

一是创造、利用并抓住精神上的独处时机，让头脑处于最佳工作状态。一般而言，身体上的独处有利于精神上的独处，可以为思考创造良好的机会。但大学生多喜欢呼朋引伴一起行动，一个人独处时常会情绪低落，效率低下。也就是说一个人独处的环境常常难以控制，这就需要学习者能有"身处喧嚣但心如止水"的本领。只有心平气和、心宁神定，才能让头脑处于最佳工作状态，让思绪充分展开，让思想插上腾飞的翅膀。

二是要注意抓住、利用自己的"界限状态"。界限也称之为极限，德国哲学家雅斯贝尔斯认为，人生有三种界限状态，即身体界限、心理界限、灵魂界限。当这三种界限出现时，它能刺激并促动人们思考。例如，当一个人遭受车祸、地震等意外事件面临死亡时，很容易关注到与磨难相关，而平时很少考虑的问题，如生命的价值、健康的意义、与他人关系等，这就是身体界限带来的思考机会。当一名以学习为主的大学生挂科、有降级或肄业之险，并对他过去常年形成的关于学习的认识和行为造成了颠覆性的冲击时，这必将迫使他重新思考学习的方法与意义，对所面临处境进行思考与应对等，这可称为心理界限带来的思考机会。如果某一天突然意识到物质上的享受远不如精神上的追求更有意义，就必然会对自己的人生理想和精神追求做认真的反思，这可以看做是灵魂界限给人们带来的思考。培养锻炼自己的思考能力，进而提升自我学习能力，就需要能够敏锐地发现并抓住机会，让自己在一次次"界限"造成的机会中思考、成长①。

三是求异质疑，提高发现问题、解决问题的能力。善于思考还要求凡事能多问几个为什么，不迷信权威或教材，有怀疑精神，能进行自我发现式的学习。其实学习就是一个发现和创造的过程，发现问题越多，进步就越大。哈佛大学教授柯比在他的《学习力》中指出："一个总是能提出为什么的人，是一个活着的人；而一个不再提出为什么的人，是一个活着的死人。"道理很容易理解，关键是要培养敢于质疑、勇于探索的精神，强化求异思维，培养自己发现问题、进而解决问题的能力。

3. 自我学习在总结中提高

曾子曰"吾日三省吾身"，朱熹指出读书之人应"日省其身，有则改之，无则加勉"。英国哲学家培根就如何学习曾做过一个形象的比喻："我们不应该像蚂蚁，单只收集；也不可像蜘蛛，只从自己肚中抽丝；而应像蜜蜂，既采集，又整理。这样才能酿出香甜的蜂蜜来。"像蜜蜂采蜜那样学习，不仅要吸纳新知识，还要对新知识进行总结、加工。可见，古今中外很多学者都重视对学习的总结。

大学生要想提高学习能力，就需要对自我学习进行加工、总结，在总结中提高自身的自我学习能力。学习的总结可以从以下几方面进行：

一是制定并检查学习计划的完成情况。大凡学有成就者，都有着非常明确的学习目的

① 杜克丁. 学习的智慧[M]. 北京:国防工业出版社,2013:119-120.

和学习计划，并能坚持执行。而当前很多大学生却没有明确的学习计划，学习拖延，效率低下；即使制定了学习计划，也是难以执行，总是有计划无结果。因此，大学生首先需要制定明确、恰当的学习计划，严格按照计划执行，落实计划完成情况，并能及时调整、补充。

二是对学习方法进行总结。不同的学习内容对学习方法有着不同的要求。古人云："去其不善而勉进于善，是谓之善学。"其实，"去其不善而勉进于善"的过程就是发现问题、找出不足，改进学习方法的过程。因此大学生应找到适合自己的学习方法，养成良好的自我学习习惯。

三是对前一段时间所学知识进行加工整理。人的大脑原本就像一所空荡荡的房子，我们应该有选择地将家具摆放进去。如果不管什么破烂垃圾都一股脑地放进去，就可能使得有用的知识被挤出来或是根本放不进去；或者由于没有条理、杂乱无章，使得有用的知识在需要时出现提取困难。那么如何对以往学习的知识进行整理呢？我国著名史学家顾颉刚先生对此曾作过一份评论，他认为整理的方法"大约可以分做四段：第一是收集，第二是分类，第三是批评，第四是比较。……整理的事情完了，各国的国故在科学中都有它的立足点了"。虽然顾先生谈的是历史研究，但对于大学生的自我学习也是同样适用的。

二、善于进行时间管理

古人云："一寸光阴一寸金，寸金难买寸光阴。"惜时如金的人才能拥有更好的自我学习能力。达尔文说："我从不认为半小时是微不足道的时间。"鲁迅先生说："时间，就像海绵里的水一样，只要你挤，总还是有的。"牛顿就常常连续几个星期在实验室工作，他的助手这样描述他："他很少在夜里两三点钟睡觉，常常是凌晨五六点钟才上床，一天总共睡四五个小时，只要有一个小时不工作学习，他就认为是浪费光阴。"

一个人的年少时光正是最佳的学习时光，一旦错过了，将来会追悔不已。正如我国著名书法家颜真卿所说："三更灯火五更鸡，正是男儿读书时。黑发不知勤学早，白首方悔读书迟。"因此，年轻人应珍惜自己的学习时光，不断充实自己，提高自己，为即将开始的绚丽人生打下坚实的基础。

然而很多大学生面对繁重的课业，总是一边感慨时间不够用，一边随意浪费时间。有研究发现，65.3％的学生对时间麻木，处于放任自流的状态；75％的学生不会管理学习时间，随意浪费时间。在课余时间上网查资料与打游戏、聊天的学生人数几乎各占一半。他们不知道如何合理地计划安排时间，提高使用时间的效率，更没有意识到"管理时间就是管理自己的生命"[1]。

用《卓有成效的管理者》的作者——彼得·德鲁克的话说，时间管理就是"做正确的事"，并且"正确地做事"。其中，"做正确的事"是指要把时间用在正确的方向上，尽量少浪费。"正确地做事"是指在实施过程中力求"多、快、好、省"，尽量提高时间的效能。因此，时间管理的关键是"做正确的事"，而要能"做正确的事"，必须对自我时间的利用行为进行管理，减少时间浪费，以便有效地完成既定目标。

时间管理既是一个概念，更是一种方法，每一个人都需要科学地进行时间管理。那么，如何合理安排利用时间呢？

---

[1]　张少华，王汉民．职业核心能力开发与实践［M］．呼和浩特：内蒙古教育出版社，2009．

1. 用好"二八法则"

"二八法则"是由 19 世纪意大利经济学家帕累托提出的，也叫帕累托法则、80/20 法则。其核心内容是在生活、工作的众多现象中，80％的结果源于 20％的原因。比如，20％的客户带来了 80％的业绩，创造了 80％的利润，世界上 80％的财富被 20％的人掌握着。80/20 法则在很多方面被广泛应用，它对我们学习的最大启示是：不要将自己的时间花在小事情上，应要把注意力放在 20％的关键事情上。因为一旦解决这些重要的少数问题，你仅仅需要花 20％的时间，即可取得 80％的成果。

根据这一原则，我们应当对要做的事情按照轻重缓急进行排序，这就是优先排序法，又叫 ABCD 法，如图 4-1 所示。该方法主要是在时间分配和管理时先把要做的事情区分为 ABCD 四种情况：A 是重要且紧迫的事情；B 是重要但不紧迫的事情；C 是紧迫但不重要的事情；D 是既不紧迫又不重要的事情。当然，在这里事情的重要与否以及紧迫与否是相对于自我目标而言的，对于四类事情应按照优先顺序分别对待。做事的排序原则是：先做 A，早做 B，少做 C，不做 D。具体如下：

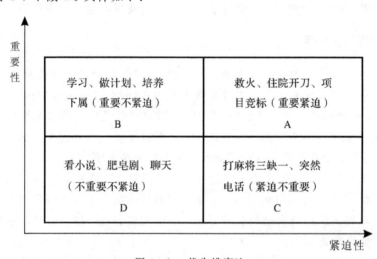

图 4-1 优先排序法

（1）对于重要且紧迫的 A 类事情，比如救人、救火、抢险等，这类事情必须亲自去做、立刻处理。

（2）对于重要但不紧迫的 B 类事情，比如学习、健康问题、人际关系、挖掘新商机等，我们往往忽视这类事情，不肯多花时间，但要注意今天不紧迫，并不意味着明天也不紧迫，实际上这类事情对于我们把握未来和机会往往至关重要。所以，只要是没有前一类事情的压力，我们应该有计划有步骤地尽早去做，最好是将之当成紧急的事去做，做到防患于未然，而不是拖延。很多成功者的秘诀就是"今天做明天的工作"，只有尽早有所准备，才能应付和把握未来。

（3）对于紧迫但不重要的 C 类事情，比如有人因为打麻将"三缺一"而紧急约你、有人突然打电话请你吃饭等，要少花时间去做，如有可能，尽量委托别人去做。只有在优先考虑了重要的事情后，再来考虑这类事。而人们常犯的毛病是把"紧迫"当成优先原则。其实，许多看似很紧急的事，缓一缓，拖一拖，甚至不办，也无关大局。

（4）对于既不紧急也不重要的 D 类事情，比如娱乐、一般聚会等，如有可能，不要花时间去做，可以将其束之高阁，等有空闲时再说，或是委托别人去做。

因此，大学生在自我学习时需利用好"二八法则"，无须天天瞎忙，把有限的时间用在最重要、最有价值的事情上才是最好的。

2. 用好"碎片化时间"

"碎片化（Fragmentation）"一词是当下非常流行的一个网络用语。所谓"碎片化"原意是完整的东西破成诸多零块。碎片化时间就是指日常工作、生活中存在的各种零碎的时间段，短则1分钟，长则半小时，这些是我们每个人都拥有的宝贵资源。

现代社会被戏称为"碎片化时代"。或许大学期间还能有大块时间来做某件事情，但在职场，计划不如变化快，难得有大块时间做工作。在现代职场，总的趋势就是工作时间越来越被碎片化。很多年轻人抱怨像微博微信这样的新媒体工具，本来是打算用来打发碎片化时间的，但慢慢上瘾后，总是忍不住去刷屏，结果造成很难静心完整地只做一件事；本来想用碎片时间发微信、发微博，结果反而使得我们让大块的时间被碎片化，失去了专注做一件事情的能力。即使没有微博微信，我们的工作时间早就被电话、邮件、QQ、会议打断成了碎片，而微博微信时代只不过加剧了这一趋势而已。

认识到这一点之后，我们应如何利用碎片化时间来完成学习或工作呢？要想利用碎片化时间完成大块的学习，首先需要认真思考，看看能否能将大块的学习分解成利用碎片化时间完成的小块学习任务，要学会给每一种碎片化时间单位寻求多元化用途。

现在你可以问自己几个问题，你可以利用的最小时间单位是什么？是1分钟还是3分钟？

你的1分钟可以干什么？

你的3分钟可以干什么？

你的5分钟可以干什么？

你的10分钟可以干什么？

……

大部分人在面对这个问题时往往很难给出超过3种以上的回答，有的人甚至全部回答刷微博。当我们的碎片化时间找不到合理的用途时，它的最大可能就是浪费在无意义的事情上。

所以，希望大学生能为自己的每一段碎片化时间单位找至少3～5种有价值的用途，比如3分钟时间内可以回复一条短信，回复一个消息，收看一下不重要的邮件，刷一下微博，构思一条微博，查找一个作业素材等。然后还要进一步思考在上课前的3分钟能干什么，在课后的3分钟能干什么，在宿舍的3分钟能干什么。

建议每个学生都动手做一张表格：把你的碎片化时间单位用途和你生活中的情景关联起来。这样在任何场合都可以意识到有几分钟的碎片化时间，然后马上安排利用零碎时间完成一件小的学习任务，而不是临时去想能干什么。而一旦我们的碎片化时间用途越多，时间支配自由度就越高，也就越能自由组合时间碎片来完成不同的学习工作。这样我们慢慢就能够学会把每天的碎片化时间串联起来完成重要的学习任务。而且利用好碎片化时间，可以大大节约大块时间，提高大块时间的利用效率。

3. 把握黄金时间

每个人都存在着体力、情绪和智力方面的周期性变化，这种周期性变化被称为人体节律，又叫生物节律或生理节律。人体节律分为体力节律、情绪节律和智力节律三种。这些节律的时间周期分别为 23 天、28 天、33 天。每个节律周期又分为高潮期、临界日期、低潮期三个阶段。人体节律就好比生命进行曲中的节拍，掌握了这个节拍，就能提高自我学习的效率，取得事半功倍的效果，反之，则会降低学习效率。人体处于高潮期时体力充沛、心情愉快、思维敏捷、记忆力好、体内免疫功能增强，所以学习、工作效率提高。而人体在低潮期时容易出现疲劳、做事拖拉、情绪不稳定，注意力不集中，判断力降低等。

同样，在一天不同的时间段里，人们自我学习的能力也不是一成不变的。在不同的时间段，不同的人有不同的"黄金学习时间"。一般来说，个体的智力在早晨 8 点到 10 点最高，稍后次之，下午又次之，黄昏最差，这类人被称为"百灵鸟型"。当然，这也是因人而异的，而有一些人则夜晚的学习效果要比白天好，被称为"猫头鹰型"。因此，我们应根据自己的特点，找出自己学习的生物节律，并遵循记忆规律，这样就会达到高效率地利用时间进行学习的目的。

假如个体在机体处于最佳状态时进行学习和工作，在机体处于相对低下状态时进行休息或娱乐，这就是在很好地利用人体节律。善于利用生物节律，往往能更好地提高学习时效，在减少能量和时间消耗的情况下取得优异的成绩。因此，大学生在自我学习中，要把握自己的黄金时间，利用自己精力充沛的时间进行学习。例如，如果你是"百灵鸟型"的，往往晨间思路敏捷，那么你就可以把自我学习时间安排在清晨；如果你属于"猫头鹰型"，往往夜间精力充沛，你就可以把自我学习时间安排在晚饭后的大段闲暇时间里。

4. 列出时间清单，做到今日事今日毕

自我学习过程中，应遵循要事为先原则，列出时间清单；坚持"日事清"原则，今日事今日毕，绝不拖延至明天。例如，有一位学习成绩不佳的学生说，明知道期末了，应好好复习，但就是学不进去。他每天早晨信誓旦旦地学习，但经常会为了别人一句话、一个新闻、一个笑话而思绪纷飞，处于"忙、盲、茫"的状态，经常挂在嘴边的话就是，"太忙，没有时间……""一天时间又过去了，我还有……没做呢"。其实，他不是没有时间学习，而是没有将学习当做重要的事情，放在优先等级次序上。

建议大学生在学习中要有计划和纪律，坚持要事为先，利用便笺、笔记、手机、电脑等列出日事清单。清单可以记录很多事情，但实际上，使用清单的目的是能够充分培养将事情随时记录、保证从脑到手顺利转换的习惯。其中最大的收益是，当本来一团乱麻的事情，通过记录而清楚从脑海中移出后，我们可以获得轻松而无压力的学习状态，从而更好更快地学习、工作和生活，而这正是我们开列清单的目的。

时间清单的制订，并非简单记事的流水账，其内容需要做到条理清晰，轻重急缓，对事务的分工明确，同时具有明确的可行性，能够保证你对其尽可能地予以完成。另外，时间清单还需要日复一日、不厌其烦地制订、执行、坚持、完成，今日事今日毕，绝不拖延。在这个过程中，清单的作用将会越来越明显。

三、劳逸结合，科学用脑

1. 劳逸结合，学会休息

很多学生习惯于在临考前一段时间开夜车，拼命突击学习，但这样即使侥幸通过了考

试，也并不意味着真正学会了知识与技能。学习讲究劳逸结合，而防止学习疲劳的有效方法就是休息，养成良好的学习习惯。

当今社会堪称知识爆炸的时代，时代瞬息万变，竞争激烈，当工作量超过自身负荷时，就会引起疲劳。有人说过度紧张和劳累是"百病之源"，从某种意义上讲，这句话并不过分。如果不注意休息，久而久之就会积劳成疾，贻害健康，给自己、家庭和社会带来不可挽回的损失。劳逸结合更有利于自我学习的管理。列宁曾说过"不会休息的人就不会工作"。休息是使人体从疲劳中得到恢复的最有效、最符合生理要求的一项自我保健术。为了走更远的路，学习更有效率，也更健康长寿，因此大学生在自我学习时，需要适当及适度的休息，补充足够的能量，以便第二天有充沛的精力继续学习。脑力劳动和体力劳动交替进行也是一种积极的休息方式，经过较长时间的学习后，可以合理利用时间进行体育锻炼，如打球、散步等活动，起到缓解疲劳的作用。

心理学家实验证明，入睡前学到的东西，保持记忆的时间最长。因为在睡眠时间，大脑皮层的神经细胞普遍转入抑制状态，临睡前所学的东西没有受到其他信息刺激的干扰，因此记忆效果好。但熬夜的效果并不如想象的那么好，熬夜不但会使得第二天精神不振，还会使脑袋里一片空白。因此，学习和准备考试时，一味通宵开夜车反而会适得其反。学习之后，让大脑休息一下是非常必要的，也是相当重要的一件事。

那么该如何保持高质量的睡眠呢？应注意以下几个因素：

一是保持人体生物钟的正常运行。每天准时睡觉、准时起床，不要给自己借口随意改变作息时间，不熬夜、不赖床；经常去户外运动或晒太阳。这样，生物钟就会准时运转，是提高睡眠质量的关键一环。

二是注意饮食习惯。晚上尽量不要喝酒、咖啡、浓茶等刺激性饮料，它们会影响深度睡眠，破坏下半夜睡眠，造成早醒、精神萎靡等现象。同时，睡前也不适合饥饿或吃太饱，这些都不利于提高我们的睡眠质量。

三是养成良好的生活习惯。晚饭后，可以适当地散步，睡前用热水泡脚，或是温水洗浴，这些都有助于促进睡眠。

另外，对睡眠不好和容易失眠的人来说，最好在有浓烈睡意的时候再上床休息。早早上床的结果往往欲速则不达，只会加重心理负担。因此，在某些情况下，晚睡早起，减少睡眠时间，反而有利于睡眠质量的提高。

2. 科学用脑

除了劳逸结合，注意休息外，学习中还要注意科学用脑。研究发现，脑中蕴藏着巨大有待开发的资源，而一般人对于脑力的运用不足 5%，剩下有待开发的部分则是脑力与潜能表现优劣与否的关键。特别是在知识大爆炸的时代，科学用脑将是我们自我学习、取得成功的法宝。

脑科学研究表明，人脑的左右半球功能不同，左半球主要同抽象的智力活动（如数学计算、语言分析等逻辑思维活动）有关，右半球则主要同音乐、色彩、图形、空间想象等形象化思维活动有关。为了提高对自我学习的管理，不仅要激活右脑，提高自己的创新能力和思考能力，同时也要注重左脑的信息处理功能，学会左右大脑交替使用，把高度抽象的思维活动同音乐、绘画等活动交替进行，提高学习效率。

同时不能长时间用脑，按照人体生物活动节律，合理安排时间学习，不要等到大脑变木了才停止学习和工作。研究发现，大学生用脑过度，会导致大脑半球慢性充血现象，产生感觉迟钝、动作不协调、思维迟缓等问题，极易引发各种身心疾病。所以每位大学生都应研究自己身体机能工作规律，勤用脑但不过度用脑，适量睡眠，保证大脑的合理营养，养成良好的作息规律。

四、克服常见的学习障碍

大学生在成长过程中会遇到很多困难与坎坷，学习问题则是其中不可回避的问题之一。若这个问题不能得到很好的解决，将难以在根本上改变大学生不佳的学习面貌，甚至在不同程度上会影响大学生的身心发展。因此，了解大学生常见的学习问题和有效的解决方法，可以帮助大学生提高自我学习管理的水平，顺利完成学业任务。

1. 学习动机不当及调适

学习动机是指激发个体进行学习活动，并使活动朝向一定学习目标的内在过程或内在心理状态。学习动机对学生的学习起着重要的作用，常见的学习动机不当包括学习动机不足和学习动机过强两种情况，这两者都会影响到大学生的学业效能感。

（1）学习动机不足。学习动机不足主要表现为无明确的学习目标，容易分心，缺乏合适的学习方法，为了应付考试或作业而学习，对自己的前途听之任之，对他人的学习热情和成就熟视无睹等。据调查，很多大学生之所以学习不好，出现逃课、挂科等现象，不是因为智力原因，主要是源于学习动机不足。对学习动机不足的个体首先是强化学习动机，启发他们对社会需要、社会期望作出正确认知与评价，形成合适的自我定向、自我定位，这样才能激发大学生正确的学习动机；其次要端正学习态度，树立正确的、具体的学习目标，立足当下，考虑长远，从而全力以赴认真学习；最后是改善学习的外部条件，如创设良好的学习氛围，培养学生的学习兴趣，学校教学贴近学生实际，提高教学质量，严肃学校考试纪律等。

（2）学习动机过强。学习动机过强表现为自我期望值和学习目标过高，学习超常勤奋，有强烈的好胜心，精神紧张，容易自责。学习动机过强与学习动机不足一样，也会降低学生的学习效率，同时它更易造成心理障碍和生理不适。对学习动机过强的学生要引导他们正确认识自己，制定合适的学习目标，不苛求自己；把外在的学习动机转换为内在的动机，真正对学习感兴趣，乐于学习，享受学习；端正学习态度，明确学习目的，树立远大理想，保持持久的学习热情；摒弃那些"万般皆下品，唯有读书高""学习好才是王道"偏激的观点，全面发展自己的才能，提高社会适应能力。

因此，大学生应根据自身情况，积极调适学习动机，动机过强或过弱都不利于学习，适度的学习动机最适合。

2. 考试焦虑及调适

考试焦虑又称考试恐惧，是因考试压力而引起的一种心理障碍。心理学研究表明，在学习过程中适当的焦虑是有益的，可以增强学习的效果，但严重的考试焦虑不利于学生成绩的发挥。考试焦虑主要表现在认知、情绪、行为、躯体四个方面。认知上表现为注意力不集中，记忆力下降，思维僵化；情绪上表现出担忧、焦虑、烦恼；行为上表现为坐立不安、手足无措；躯体上表现为头痛、食欲不振、睡眠不佳等。具有高度考试焦虑的学生会出现明显的生理反应，如心慌气短、失眠健忘、腹泻等症状，严重的还可能出现大脑一片空白、两眼发黑、晕厥等现象。

考试焦虑会直接影响到大学生自我学习的效率，那么应如何应对考试焦虑呢？

一是考前做好充分的心理准备。包括考前心理辅导、考前充分复习、确立适当的学业期望等方面。对那些敏感、焦虑、抗挫折能力差的学生要进行有针对性的考前心理辅导，帮助他们缓解心理压力，使其正确认识自己，提高心理素质，增强自我心理调节能力。同时还应帮助他们提高考试技巧，有效化解内外压力，发挥其应有的水平。很多人之所以出现考试焦虑就是因为没有做好充分的准备，因此考前要做好充分的复习，明确哪些知识是重点和难点，哪些是重要的但自己尚未掌握的，要分清主次，区别对待，这样可以缓解考试焦虑。

二是做好考前细节准备。有的学生考前信心十足，但却因忘带相关证件、进错考场、忘记考试时间等细节，影响到考试情绪，导致考试焦虑。因此，学生在考前应熟悉考试日程安排、考试时间和地点等。应注意提前准备考试用品，笔、证件、手表等，这样可以避免因意外事件带来的考试焦虑。

三是考试中要注意自我心理调节。考试中遇到不会做的题属于正常现象，但若因遇上一两道不会做的题而过分焦虑的话，后果则会很严重。因此，考试中要注意自我调节，遇到不会做的题可以暂时放一放，先易后难，学会自我安慰，要有"我不会大家也不会"的心理等，学会考场放松，深呼吸，调整自己的最佳状态，或许放轻松之后，难题也会自然迎刃而解。

3. 专业抗拒及调适

"如果不学新闻，我想做个理发师；如果不学生物，我想当个赛车手；如果不学金融，我想做个心理咨询师……"这种"如果不学"体曾经在网络上被疯狂转发，继而引起了大学生的"大学吐槽"风，甚至许多已经毕业的大学生也纷纷加入其中，道出了梦想与现实之间的差距。

我们发现高校中很多学生都不喜欢自己所学专业，甚至是抗拒自己的专业，这是一个非常普遍的现象。研究者称这种由于不喜欢所学专业，使得大学生情绪低落、内心痛苦、动力不足、行为消极、忧心忡忡、无所适从，从而导致大学生逃课或隐性逃课、违纪、考试挂科，甚至退学等现象为专业抗拒[①]。大学生一旦从内心不喜欢自己的所学专业，抗拒自己的专业，他就会感到失落、痛苦、前途渺茫，千方百计地转专业，甚至会回到高中复读重考。

大学生产生专业抗拒心理后，若不及时进行学习心理调适，有可能使这种苦恼伴随大学四年或是一生，还会影响到自身的心理健康。那么专业抗拒心理该如何调适呢？

一是在过渡期内慎选专业。现在有很多高校在新生录取时并不划定具体的专业，只提供专业类，这样学生会在入学一段时间后，再根据自己的兴趣确定自己喜爱的专业。也有的高校会给大学新生一定的过渡期，在过渡期内允许学生在一定范围内重新选择专业。这些都是减少大学生专业抗拒的有效方法。

二是既来之则安之。若不能重新选择专业，那就安下心来学好本专业，培养提高自己的专业认同感。可以通过了解本学科沿革发展来培养对专业的学习兴趣；参加与本专业相关的活动及前沿研究，形成良好的专业愿景；还可以通过跨专业考研等方式来实现自己的梦想。要知道有时候"塞翁失马，焉知非福"。但若不能改变，眼下还应学好当前的专业，或许将来这些专业能成为我们实现最终梦想的优势所在。

---

① 李文霞，任占国，赵传兵．大学生心理健康教育[M]．北京：北京师范大学出版社，2013：210-211.

三是做好人生职业生涯规划。很多高校都非常重视大学生的职业生涯规划，帮助学生根据自己的兴趣爱好，更好地选择未来的职业。通过开辟第二专业、选修和校际合作等多种方式，在现有条件下尽可能多地给学生学习第二专业的机会。同时，教师还应积极改进教学方式，培养学生学习本专业的兴趣，逐渐提高他们的专业认同感。对大学生而言，做好职业生涯规划，积极调整心态是很必要且重要的。但不管梦想与现实的差距有多大，都不能成为厌学逃学的借口，否则任何梦想都难以实现。

4. 认知障碍及调适

很多学生在自我学习中因超出他的心理负荷量而出现认知障碍，如有一些学生在谈及学习时总会感慨，记忆力变差，刚刚看过的东西很快就忘，总也记不住；学习时注意力不集中，爱走神、分心、三分钟热度；反应迟钝，感觉有时头脑僵化、发木，提不出个人看法等。

面对这些学习中的认知障碍，若不及时调适，将会影响到大学生的自我学习动机和主观效能感。大学生应从以下几个方面进行调适：

（1）对认知障碍有正确的认识，树立战胜认知障碍的信心。面对学习中不如意的地方要加强自我认知水平，保持积极乐观的情绪，调动学习主观能动性，进行自我调节，提高记忆力、注意力和思维能力。

（2）遵循记忆规律，采取适合自己的记忆方法，提高记忆效率。自我学习中，要明确学习目的和具体的学习任务，制定详细的学习计划，带着问题去学习，提高学习针对性；充分利用理解记忆，在理解的基础上集中注意力，提高学习自觉性；恰当组织记忆材料，及时复习，及时反馈，掌握合适的学习方法，提高记忆效果。

（3）培养抗干扰能力。排除干扰是注意力提高的前提，自我学习中遇到各种诱惑和困难时，我们应拿出自己的勇气和毅力与之斗争，只要下定决心，意志顽强，学习中的注意力分散问题就一定能解决。

（4）注重自我检查，积极调节不良情绪。自我学习中要有意识地进行自我检查，发现自己进步时要激励自己再接再厉，发现不足时要鼓励自己不断改进，以取得最佳成绩。要对自我学习中出现的紧张、焦虑、抑郁等负面情绪，及时调整心态，理性对待。

5. 考试作弊及调适

大学生考试作弊现象屡禁不止，已成为一种社会性问题且受到很多人的关注与重视。大学生考试作弊有其特殊的动机与行为原因，有的是为了获得好的成绩拿到奖学金，有的是为了在就业时能有更多的证书，只能牺牲一些自认为不重要的课程，有的是出于友情或碍于面子，为同学提供帮助，也有的是看到他人作弊，抱着"不抄白不抄""不抄自己吃亏"的心理。由于大学生心智尚未完全成熟，使得他们对触及自尊心的刺激非常敏感，对社会负面信息关注较多，易受自身情绪和外界环境的影响，因此一旦有机会容易做出作弊行为。

在大学生考试作弊的预防和应对中，应做到以下几点：

首先，应注意加强诚信教育，帮助大学生树立正确的价值观。诚信是立德修身之本，缺乏诚信是当前高校学生考试作弊的主要根源，对作弊认识模糊和虚荣心的膨胀，是大学生作弊的直接原因。因此高校应结合大学生的心理特点，加强对大学生的诚信教育，令其珍惜学习的机会，树立正确的价值观。

其次，重塑学校环境，营造良好的公平竞争氛围。帮助大学生养成良好的学习习惯和端正其学习态度，以实力争取优异成绩，尽量避免因平时不认真学习而产生作弊的现象。并且应引导大学生意识到除了优异成绩外，还需要真实的自我和高尚的人格。

再次，改进教学方法，改革考试方式，全面评价学生的综合素质。在教学中，教师应积极转变教育观念，科学设置课程，改革传统的教学方法，积极发挥学生的主体地位作用，激发学生的学习热情和学习兴趣；同时，还应注重学生对知识的理解和运用，采取实操、面试、写论文等多元化的考核形式，适当增加平时成绩在总评成绩中的比重，全面评价学生的综合素质，真正将学生从沉重的考试中解放出来。

最后，加强心理健康教育，提高学生的心理素质。从本质上看，作弊是一种自欺欺人的行为，既不利于学生的学习，也不利于将来的工作，还可能因为作弊的负面心理效应而对个体成长带来不利影响。因此应做好部分学生的考前心理辅导，消除其紧张心理，以良好的心理状态参加考试，避免作弊行为的发生。

4.2 能力故事

一、在总结经验中成长

从技校毕业的张永洁在常州宝菱重工机械有限公司当了一名操作工，他被安排操控大型龙门铣床。他的奋斗宣言是"超越自我、永不满足"。虽然在平凡的岗位上工作，但他刻苦钻研，爱岗敬业，不久便成为基层员工的优秀代表。

由于张永洁在工作中表现突出，公司选派他到日本三菱重工学习数控机械加工技术。这可是千载难逢的好机会，张永洁格外珍惜，他在三菱重工的那段时间，废寝忘食地学习各种先进技术。

回到工厂里，他把在国外学到的先进加工技术融会贯通，应用到实际操作中，大大提高了工作效率。但他并不满足于此，还在借鉴国外先进加工技术的基础上，不断总结、进行反复的实践、总结，并通过自我学习，把数控理论知识与自己积累的加工经验相结合，总结出用螺纹铣刀铣削大螺孔的宏程序这套独特的加工技术。

为了使他独特的加工技术在整个公司得到普及和推广，他还专门写了一篇论文《大直径内螺纹数控铣削编程研讨》，提出了"三点找正法"。这一系列技术创新使公司的机械加工技术达到了一个新的高度，为公司带来了巨大的经济效益。

2002 年，宝菱重工的第一台宽 4.5 米长 20 米的大型数控龙门铣投入使用，公司将这台全厂最大、最关键的设备交给了张永洁。面对挑战，他不断琢磨，努力学习相关技术，总结以往实践经验，只用了两个月的时间，就能够熟练地操作机床，而且，他还尝试着对机床数控系统功能进行完善，总结出许多新的加工方法[1]。

思考与讨论

（1）张永洁怎样总结工作经验，最终成为了"岗位技术能手"？

---

[1] 吴永生，刘伟. 自我学习[M]. 北京：中国工人出版社，2012.

(2) 在日常工作中，你是如何总结工作经验的？本案例给你哪些启示？

二、船井幸雄的早晨时间表

船井是拥有 4800 家客户的咨询机构的总裁。每天约定与他面谈者不少于 50 人，有关经营咨询的回信 20 封，接听电话无数，几乎每天他都被邀请外出演讲、会谈。每年他还要撰写近 10 本书，并飞往全国各地出差。当然，他每天还必须要确保 5～6 小时的睡眠时间。下面是船井先生每天早晨起床到上班之间的时间安排：

早上 5 点：起床。

5 点—5 点 30 分：调整身体状态——做体操，或使用气诱导装置(引导空气充满全身的装置)。

5 点 30 分—6 点 30 分：速读报纸、杂志、书籍。

6 点 30 分—7 点 30 分：写作或编写一年 300 余次的演讲或座谈教材。

7 点 30 分—8 点：早餐、剃须、更衣。

8 点—9 点：通过电话、传真商讨工作内容[①]。

🌟 思考与讨论

(1) "一年之计在于春，一日之计在于晨"，你从船井先生的早晨时间表得到了哪些启示？

(2) 你打算如何规划自己的时间，提高自我学习效率？

三、"我该怎么办？"

我今年已经大三了，优秀的我一向对自己要求很高，当然这也与家庭的期望有关，父母都是具有高级职称的知识分子，在他们的言传身教下，我从小就知道努力与奋斗。在大学，我进行了认真细致的生涯设计，一步一个脚印地向前走，成绩要拔尖，英语二年级通过国家六级和托福考试，为将来出国留学做好准备；三年级入党，使自己的政治生命有所皈依；与此同时锻炼自己在各方面的能力。于是，在大学我像一只陀螺一样飞速运转着，珍惜大学的分分秒秒，因为我相信，付出总有回报。但我却发现离自己的目标越来越远，我忽然怀疑自己的学习能力，我感到自己在学习上的优势在失落，甚至多年积累的自信也受到挑战，对未来，我忽然担心起来，我该怎么办？[②]

🌟 思考与讨论

(1) 案例中"我"的主要问题是什么？是什么原因造成"我"的学业困惑？

(2) 若你是案例中"我"的老师或朋友，你将如何帮助"我"进行心理调适？

(3) 这个案例给你什么启示？若你是案例中的学生，你将如何做？

四、李霖为什么哭了

李霖是学校有名的优秀生，也是一位爱好广泛、多才多艺的好学生。他的目标是考上

---

① 童山东等. 自我学习能力训练手册[M]. 北京：人民出版社，2011.

② 李文霞，任占国，赵传兵. 大学生心理健康教育[M]. 北京：北京师范大学出版社，2013.

重点大学的研究生，圆自己的名校梦。但是考研结束后，他以几分之差与心仪的学校无缘，在网上公布复试名单之后他伤心地哭了。他的父母、老师、同学都觉得很可惜，也觉得有些不可思议，因为一些平时不如他的人都考出了很高的分数。进一步了解中，我们发现，他学习很好，爱好广泛，性格随和，同学们都愿意和他交往。平时生活中，他几乎是有求必应，再加上原本社团活动、实践活动也多，因此，每天他有很多课余时间都被非学习活动所占用，而自己的学习只能靠开夜车来完成。日复一日，他也知道自己在学习上欠了很多，很多知识不扎实，但并没有太在意。同学一向他发出邀请，他又不好意思拒绝，就又跟着出去了，甚至有几次他在图书馆学习时被同学找到，都会放下书本随着他人离开。结果，他收获了这样的"苦果"。

思考与讨论

（1）李霖的主要任务是什么？

（2）应如何在平时克服干扰，坚定地朝着目标前进？

（3）本案例给你哪些启示？

五、"因为他没有问题了"

西方哲学史上有一个著名的例子。

在剑桥大学，维特根斯坦是大哲学家穆尔的学生。一天，大哲学家罗素问穆尔："谁是你最好的学生？"穆尔毫不犹豫地说："维特根斯坦。""为什么？""因为，在我所有的学生中，只有他一个人在听我的课的时候，老是流露出迷茫的神色，老是有一大堆的问题。"后来，维特根斯坦的名气超过了罗素。有一次，有人问维特根斯坦："罗素为什么落伍了？"他回答说："因为他没有问题了"[1]。

思考与讨论

（1）上课、听讲座或是自我学习时，你是否习惯提出不同的问题？

（2）在学习中，你是否能对教材内容或是老师观点提出异议？

（3）你是否善于发现问题？本案例给你什么启示？

六、郁郁寡欢的王磊

王磊虽然只有30岁，却是省城一家大公司的业务主管，在很多人看来，可谓是年轻有为，非常出色。为了保住自己的位子，他每天兢兢业业，加班加点几乎成了家常便饭，无论家里出了多大的事，都不敢轻易请假。巨大的压力让他开始出现幻觉，经常胡思乱想，觉得公司的人都不可靠，都对他的位子有企图。

于是，他变得非常抑郁，不仅和公司的同事交流少了，参加集体活动的次数少了，而且回到家里，也把自己反锁在房间里郁郁寡欢，不是发呆，就是瞎想。用他的话说，星期一是灰色日，一跨进单位大楼就紧张……

---

① 童山东等. 自我学习能力训练手册[M]. 北京：人民出版社，2011.

就在他准备为自己的未来大展拳脚时却得了抑郁症，工作和生活都无法正常进行，整天处于焦虑之中，无法自拔，最终失去了工作在家休养①。

思考与讨论

（1）王磊为什么会郁郁寡欢？

（2）你在自我学习过程中有没有出现过心情烦躁的情况？你是如何克服这些障碍的？

4.3　能力训练

一、测试你的学习计划性

古人云："凡事预则立，不预则废。"相同的目标，有计划和没有计划的效果是完全不同的。一样的比赛目标，一个有计划的参赛者能轻松完成并夺冠，智力相同的两个学生有无学习计划，直接影响到学习效果。科学地利用时间，在有限的时间里有计划地学习，这是科学学习方法的一条重要原则。

对下列各题做出"√""?"或者"×"三者选其一的回答。

1. 你是否经常按时交作业？

2. 去上课时你是否常常把书或其他学习用品遗忘在宿舍？

3. 平常学习新内容时，你是否常常来不及复习？

4. 你是否因夜里看视频或看书报而不按时睡觉？

5. 你是否常常在临考前突击复习而平常从不复习？

6. 在宿舍学习时，你从不规定好什么时间学什么课？

7. 你是否因为看电视或和同学、朋友玩耍的时间过长而占去了学习的时间？

8. 学习时，你是否不能努力在规定的时间内完成任务？

9. 老师布置的作业你是否经常忘做？

10. 假期中，你是否从不利用休息时间进行学习？

11. 学习时，你是否对学习方法从不考虑优点和缺点？

12. 你是否遵守自己制订的学习计划？

13. 你是否为了学习而不按时吃饭睡觉？

14. 你是否不能做到在规定时间内拼命学习，以致无法心情愉快地去做其他事情？

15. 在宿舍里学习时，你是否往往没有事先准备好必需的用品，以致学习过程中要花时间去寻找？

评分标准：

每题选"√"计0分，选"?"计1分，选"×"计2分。各题得分相加，统计总分。

（1）0～10分：表明学习计划性较差；

（2）11～20分：表明学习计划性一般；

---

① 吴永生，刘伟. 自我学习[M]. 北京：中国工人出版社，2012.

（3）21～30 分：表明学习计划性较强。[1]

二、请你帮董事长渡过难关

几年来一直蒸蒸日上的公司，今年因为经济不景气而盈余大幅度滑落。最近董事长心头的负担更加沉重，因为马上要过年了，按惯例，年终奖至少要加发两个月的工资，多的时候还会加倍。从目前的情况看，今年最多只能发一个月的奖金。"这下，还不知道士气会低落到什么程度呢！"董事长想。

总经理也愁眉不展，边想边跟董事长说："好像给孩子吃糖，每次都抓一大把，现在突然改成两颗，孩子一定会吵。"

"对了！"董事长突然来了灵感，"你倒使我想起了小时候在商店买糖，总喜欢找一个店员。因为别的店员都是先抓一大把，拿去称，再一颗颗地往回扣。那个店员则每次拿的都不足重量，然后一颗颗地往上加。说实在话，最后拿到的糖没有什么差别。但我就是喜欢后者。"于是，他提出一个非常理想的解决方案，最后发了一个月的奖金，但士气比过去还要高。

请你帮助董事长分析形势，提出解决方案。

请想想：

董事长想到买糖和士气之间有什么样的联系？

提示：可运用"发现并解决问题的方法"的程序，如图 4-1 所示[2]。

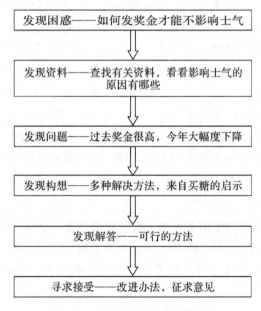

图 4-1   发现并解决问题的方法

三、八种恢复精力的方法

学习中你会常常感觉疲惫吗？或者总觉得提不起精神来？自我学习需要有良好的精

① 姜越. 学习力：在学习中提升正能量[M]. 北京：中央编译出版社，2013.
② 童山东等. 自我学习能力训练手册[M]. 北京：人民出版社，2011.

力，才能做到更好地进行知识积累与总结，提高时间管理和学习效率，进而提升自我学习能力。那么，如何保持或快速恢复精力呢？试试下面的方法，可以帮助大家在忙碌的自我学习中尽快恢复精力。坚持下去，你会有惊奇的发现！

1. 做深呼

深呼吸可以减慢心跳的速度，减少神经张力，降低血压。每天做 10～15 次的深呼吸练习，另外，任何时候，当你感觉紧张或压力很大时，就做做深呼吸。让空气充满你的胸部和腹部，然后再慢慢地呼出。迈克尔·施密德特在《厌倦疲劳》一书中建议每分钟呼吸 12～16 次。

2. 沉思

人们常常通过沉思来放松自己，而沉思确实可以帮助人们解除疲劳。找一个安静的地方，然后舒舒服服地坐着、放松，闭上眼睛，想象一个像"一"那样简单的字。当其他想法侵入时，集中精力，再去想先前的那个字。

3. 慢慢地做一些伸展运动

做伸展运动的效果跟做深呼吸差不多。它可以减轻肌肉张力，加速血液在体内的循环，以及帮助把氧气输送到大脑等。

每天都来一次和缓的、适度的、给身体增加活力的伸展。弯曲脊柱可加速体内的循环。最好的伸展运动是：双手和膝盖着地，然后慢慢地、用力地把背弯成弓形。保持这种姿势 10 秒钟，然后慢慢地放松。或双脚以肩宽分开，身体略微向前倾斜、屈膝，把你的手放在大腿中部，然后轻轻地弯腰，保持 10 秒钟，再放松。重复做以上动作。

4. 尊重你的生物钟

我们中的有些人早晨时精力最旺盛，而有的人晚上精力最好。"如果你起床后，需要喝三到四杯咖啡才能提起精神，那你很可能不是一个'早上精力旺'的人。"

找出你的"黄金时间"，把你最重要的工作留到你"高能量的时间段"。比如，如果你是一个"云雀"，那就在上午安排一天中最重要的事，而不要安排在下午。因为下午时，你的精力已经衰退了。

5. 少吃多餐

吃饭时，血液将跑到肠道，离开大脑，所以我们会变得迟钝，不想动。

不要吃富含脂肪的食物，比如肥肉、冰淇淋等。消化这些事物，需要的时间长，因而血液离开大脑的时间也长。但是不要忽略那些带有基本的脂肪酸的食物，如鱼和坚果。它们是人体很重要的营养滋补品。

6. 多晒太阳

阳光能抑制身体中褪黑激素的生长。没有充足的阳光，尤其是冬天里的那几个月，有些人就会患季节性的"情感性精神病"，一种可能引起疲劳的抑郁症。

7. 注意站姿

当你没精打采地走时，你把你的重量从身体的重心处移开。因而你得耗费更多的气力来保持身体的平衡，约瑟夫·斯威尔解释说，"我们一天中搬运的物体就是我们自己的身体，"斯威尔说，"只要我们保持它在我们支撑点的中心，我们就不会那么疲劳。"

下面是一些保持平衡的简单方法：保持你的头在骨盆上方，耳朵在肩膀上方，腰背部向前倾。如果你坐在计算机前，你的眼睛应该与屏幕的中间在同一水平线上。女生们，脱下高跟鞋，把沉重的手袋留在家里——因为这两样东西都会使你的体重偏离重心。

8. 检查你的睡眠习惯

到底睡多久才算够呢？人与人是不同的。可以这样测量：如果你在不是睡眠时间的时候瞌睡，或者周末时睡到很晚，那说明你没有得到充足的睡眠。争取在以后的几个星期里每晚多睡一个小时，然后看看你感觉如何①。

拓展阅读：大学生活的自我管理与时间管理

大学时间很短，一眨眼就毕业了，这是很多经历过大学的人的真实感受。时间是最公平的，每人每天有 24 小时，一分不多一分不少；时间又是最无情的，它总是头也不回朝前走，不把握这一秒就意味着永远失去，时光倒流只可能出现在虚幻中。

真正充实的大学生活，应该包括学业有成、建立良好的社交网、社团活动做出成绩、学好英语和电脑等事情。我们实在有太多的事情要做。所以要管理好自己的时间，规划是关键。

1. 时间规划

时间规划分为长期规划和短期规划。长期规划是以学年或学期为单位，明确列出每一年或每一学期要达到什么目标。短期规划包括月规划、周规划和日规划，是长期规划的层层细化，具体到要做哪些事。"不积跬步无以至千里，不积小流无以成江河"，只有做好了短期规划，才能真正实现长期规划。

（1）短期时间规划表的制订：

	星期一	星期二	星期三	星期四	星期五	星期六	星期天
07:00—08:00							
08:00—09:00							
09:00—10:00							
10:00—11:00							
11:00—12:00							
12:00—13:00							
13:00—14:00							
14:00—15:00							
15:00—16:00							

① 徐颂陶. 学习能力[M]. 北京：人民出版社，2005.

	星期一	星期二	星期三	星期四	星期五	星期六	星期天
16:00—17:00							
17:00—18:00							
18:00—19:00							
19:00—20:00							
20:00—21:00							
21:00—22:00							
22:00—23:00							

填时间表的步骤：先填你的上课时间，如果你有兼职工作或社团活动，在第二步把它们填上，接着是休息、吃饭、运动等饮食起居和休闲的时间。以上的活动填完后，剩下的空格就是可供你自由支配的个人时间。

（2）制定时间表的原则：

① 从实际出发制定任务。不要太重，否则会面临完成不了的情况，造成任务堆积影响后面的工作同时也会打击你的积极性；不要太轻，否则达不到有效利用时间的目的。

② 因人制宜。每个人的精力充沛或疲惫的时间段有所不同，应该根据自己的具体情况做时间安排。

③ 灵活安排。每天要留出一定的机动时间，因为随时可能有新的事情需要我们完成。

④ 主次分明。事情要分轻重缓急，重要的事、紧急的事先做。

⑤ 充分利用。利用好时间的"边角料"，用零碎的时间背背英语单词，读读报纸杂志。

⑥ 善于总结。每天留出一点时间（晚上睡觉前尤佳），总结一下这一天，问问自己"我今天学到了什么？"

刚开始按照时间表生活可能会不适应，会出现任务没能在计划的时间内完成的情况，这就需要不断对时间表做出调整，待你进行了一段时间之后就会习惯，你也会发现时间表给你带来的可喜变化。

2. 如何更高效学习？

（1）抓住每天的最佳的学习时间段。

大脑活动的效率在一天中的不同时间段是不同的，学习时间的最佳选择应该是一天中大脑最清醒的时候。

小提示：人一天之内的4个学习的高效期：

清晨起床后，大脑经过一夜的休息，消除了前一天的疲劳，脑神经处于活动状态，没有新的记忆干扰，此刻是认知、记忆印象都会很清晰，学习一些难记忆而必须记忆的东西，较为适宜，如语言、定律、事件等的记忆和储存。

上午八点至十点是第二个学习高效期，体内肾上腺等激素分泌旺盛，精力充沛，大脑具有严谨而周密的思考能力、认知能力和处理能力，此刻是攻克难题的大好时机。

第三个学习高效期是下午六点至八点，这是用脑的最佳时刻，不少人利用这段时间来回顾、复习全天学过的东西，加深印象，分门别类，归纳整理。也是整理笔记的黄金时机。

入睡前一小时是学习与记忆的第四个高潮期，利用这段时间来加深印象，特别对一些难以记忆的东西加以复习，则不易遗忘。

（2）劳逸结合。

休息几分钟可让你恢复精力，1＋1＞2，休息是为了更好地学习。

（3）控制时间长度。

大学生一次学习最好介于 60～90 分钟之间，时间过长或过短，学习效率都不高。

（4）交叉学习效果好。

大脑长久接受同一类信息刺激，就容易产生疲劳，降低学习效率。应及时转换学习内容，注意各门学科交替进行，特别是文理交替。学习之余，可做一些文体活动提高学习效率。

（5）尽可能每天在固定的时间进行学习。

这样形成规律，学习心理和生理上产生适应性，到固定时间效率会有所提高。

（6）丢掉做事拖拉的毛病。

有些同学有做事拖拉的毛病，这样无异于浪费时间，而且常常会完成不了任务，同时搞得自己精神紧张，一定要改掉这个坏习惯。可以在每次开始一项新工作之前准备好所有需要用的资料和工具，真正动手时就不需要东搜西找；自己主动把期限提前，跟把手表的时间调早十分钟是同一个道理；阻断所有可能的干扰，如选择在安静的图书馆学习会比宿舍强得多。

"时间就是金钱，时间就是生命。"唯有利用好时间，才能过一个有意义有收获的大学生活①。

课 后 练 习

1. 大学生应如何提高自己的学习能力，从而实现从"学会"到"会学"的转变？

2. 结合自己所学知识，分析自己在对自我学习进行管理过程中遇到过哪些障碍？你是如何应对这些障碍的？

3. 每当假期来临，你是如何进行自我学习的？你是否有明确的学习计划？

4. 记录你一天的学习和生活情况，列出你在每个时间段的学习效率，确定哪些时间是你效率最高的，并分析是否有按照事情的优先等级进行工作的。

5. 你还有哪些利用碎片化时间的"妙招"？请你列出五个。

6. 自我学习，离不开科学用脑；而合理的饮食和运动能使大脑高效运行，下面是一份"大脑食谱"，请试着坚持下来，看看你的自我学习效率有何神奇的变化。

① 每天多呼吸新鲜空气并多做深呼吸，长舒气。深呼吸能增加吸氧量，有利于大脑健康。长舒气可以提高学习效率。如果呼吸短促，肺里会留下大约 1 升的污浊空气，只有把这些残留的空气呼出，下一次才能吸入更多的氧气。具体方法是吸气时心中默念"一、二、三、

---

① 摘自天利信息考试网《大学新生入学指南》。

四", 一直数到四; 呼气时默念 "一、二、三、四、五、六、七、八", 一直数到八。呼气时间应大于吸气时间, 以防止换气过度。

② 通过放松来缓解大脑的紧张和疲劳。

③ 早饭要吃得精, 最好有牛奶和水果。

④ 中饭要吃得好, 晚饭要适量, 一定要有新鲜蔬菜。

⑤ 尽量多吃鱼和植物油。鱼和植物油是亚油酸的主要来源, 大脑需要亚油酸来修复 "信息轨道" 周围的髓脂质绝缘体。

⑥ 少吃高脂肪、高糖分的食物。

⑦ 多喝清水。大脑是最容易受缺水影响的器官, 一个人在感到缺水之前, 从大脑健康的标准来看, 他的大脑就已经缺水了。

⑧ 定期运动, 使血液供养充足。

任务 5　自我学习评价

自重、自觉、自制，此三者可以引至生命的崇高境域。

——［英］丁尼生

多有不自满的人的种族，永远前进，永远有希望。多有只知责人不知反省的人的种族，祸哉，祸哉！

——鲁迅

不登高山，不知天之高也；不临深溪，不知地之厚也。

——荀子

训练目标

（1）掌握自我学习评价的概念；
（2）了解自我学习评价的原则；
（3）掌握自我学习评价与调节方法；
（4）明确自我学习评价的各项指标。

5.1　能力基础

孔子说，"吾日三省吾身"。"省"就是反省、评估自己。孔子每天多次反省自己的道德品行，严格要求自己，终于成为了一代圣人。一个人要使自己进步，需要不断自我评估，发扬优点，改正缺点。自我学习也是一样，我们要学会自己评价自己，对照目标，查看一个学习阶段结束了，究竟取得了哪些学习成果，了解达到目标的途径是否正确，方法是否科学有效。只有不断地进行评价、总结，才能不断提高自己的学习效率，取得真正的进步。

一、自我学习评价的概念

评价就是评价人依据一定的标准，对某一活动结果进行价值判断的过程。

学习评价是在一定的价值观指导下，以优化学习活动的过程为目的，以学习目标为依据，采用科学的、可行的技术和方法，对学习活动的效果和影响进行的一种价值判断。

学习评价的对象范围是学习活动，学习评价是区别于其他行业评价的，有其自己的特殊意义。因为学习评价的核心是价值判断，人们的价值观是千差万别的，人们对同一个人物、同一件事物可以作出不同甚至截然相反的价值判断。学习评价的依据是学习目标，目标确定之后，就要朝着目标前进。评价就是促进学习者要更好地、更准确地朝目标前进。因此,学习评价要瞄准学习目标,以它为依据。学习评价的手段是科学、可行的评价技术与评价方法。

所谓学习的自我评价就是学习者依据一定的标准或目标,对自己的学习活动结果独立地进行价值判断的过程。通常结果高于标准或目标的,可判断为好或较好,反之,则判断为差或较差;若结果恰好符合标准或目标,则可判断为一般。

自我学习评价的目的在于优化学习过程,进行学习评价就是要使学习者在学习过程各个阶段准确把握自己的学习状态,认识自己的学习潜力,明了自己的学习目标和所要达到的程度。通过自我学习评价,使学习者知道自己今后的发展方向和努力目标,知道自己应在学习上怎样进行改进,不断地优化自己的学习过程。

二、自我学习评价的原则

自我学习评价包括目标性原则、客观性原则、科学性原则、有效性原则、可比性原则和及时性原则[①]。

1. 目标性原则

自我学习评价是学习活动中一个重要的方面。前面已述及,自我评价是学习者依据一定的标准,对自己的学习活动结果独立地进行价值判断的过程。在自我学习评价的基础上,学习者能依据学习目标对自己的学习活动进行有意识、有目的的调整和控制。自我评价的根本目的在于提高学习效率和学习质量,使自己成为高效学习的学习者,成为聪明的学习者。因此,大学生在进行自我评价的时候一定要有目的和计划。这里的目的和计划包括自我评价的内容、方法、步骤以及自我评价与调节的具体要求等。只有从细小处做起,才能最终达到自我评价与调节的根本目的:学会学习,并成为聪明的学习者。

2. 客观性原则

客观性原则是指自我学习评价必须建立在自己学习活动的真实结果的基础上,以科学的态度、理论、方法对待评价,实事求是,克服主观随意性和掺杂个人情感的倾向,使自我学习评价过程及结果客观、可信,自我调节过程及结果准确、有效。

3. 科学性原则

科学性原则是指大学生的自我学习评价都必须以科学的理论为指导,遵循科学规律。自我评价要运用科学的评价方法和手段,从客观实际出发,全面考虑制约评价的各个要素,把定量测量与定性评估综合起来进行科学分析,从而得出切合实际情况的综合评价。自我调节要以自我评价的结果为基础,综合考虑个人因素、环境因素和行为因素,合理分析存在的原因,并且在此基础上,采用科学的、适合自身情况的调节方法,包括学习目标的设定、学习计划的制订、学习策略的选择和学习方法的应用等方面。

4. 有效性原则

自我学习评价的价值很大一部分在于它的有效性。要达到自我学习评价的有效性,必须坚持自我学习评价的针对性。在实际的操作过程中,自我学习评价的方案要切合实际,

---

① 王言根.学会学习——大学生学习引论[M].北京:教育科学出版社,2011:198-199.

便于应用；自我评价和调节的要求要从实际出发，量力而行，具有可操作性。自我评价的指标体系和自我调节的方式方法不仅要有目标性、客观性和科学性，而且要符合大学生的实际条件和水平，要简繁适当，易于操作，并利于评价。

5. 可比性原则

可比性原则是指在自我学习评价上，可采取多角度的比较方式，来确定自己目前的学习状况。比如，可以通过与预期学习目标的比较，来确定自己某一阶段的学习活动结果是好还是差；通过与自己以前的学习状况比较或者与他人的学习状况比较等来确定自己的学习活动是否达到预期效果。在学习的自我调节上，也同样可以将自己目前的学习活动结果与自我调节前的学习活动结果进行比较，来检验自我调节是否有效；或将自己所采取的自我调节的学习策略与科学有效的学习策略相比较，从而提高自我调节的有效性；亦可将自我调节后的学习策略与他人运用的调节策略进行比较，来确定自己采用何种学习策略更为合适。

6. 及时性原则

及时性原则是自我学习评价发挥作用不可缺少的重要原则。自我学习评价具有一定的时效性。及时的自我评价，可以为及时的自我调节提供前提条件，及时的自我调节是自我评价的最终目的，只有及时的自我调节才能不断地改进学习，提高质量。只有及时的调节，才能达到有效进行自我评价与自我调节的最终目的。否则，问题积累下来，可能积重难返，失去自我评价与自我调节的动力。

三、自我学习评价与调节方法

一般来说，自我学习评价与调节的内容涉及影响学业成绩方方面面。可以说，只要是有助于实现学习目标的任何活动，都应在自我评价与调节的范围之内。学习的自我评价贯穿于学习的全过程，包括学习之前的自我评价、学习过程之中的自我评价（与学习的自我调节配合，按照学习目标，不断地对自己的学习状况进行评价与调节）和学习结束之后的自我评价。自我调节包括调节以前的计划和准备活动，调节过程中的意识、策略和执行活动，调节以后的反馈、补救和反思（总结）[①]。

美国心理学家日莫曼(B. J. Zimmer man, 1989)提出了社会认知调节学习理论，他认为：学生的自我调节学习是由个人、环境和行为三方面因素相互作用决定的。为此，他提出了自我调节学习系统的三维模型。

后来，日莫曼又提出了自我调节学习的"WHWW"结构。"WHWW"分别是英语"Why"（为什么）、"How"（怎么样）、"What"（是什么）和"Where"（在哪里）的第一个字母。在他看来，任何自我调节学习都可以从为什么、怎么样、是什么和在哪里这四个方面加以分析。在此基础上，日莫曼又提出了自我调节学习的循环模式。该模式主要包括四个相互联系的步骤：① 自我评价与监控：学生根据先前的学习成绩来判断自己的能力水平；② 目标设置与策略设计：分析学习任务，设置具体的学习目标，确定要使用的学习策略；③ 策略执行与监控：学生在具体情境中使用策略，并监控其执行；④ 策略结果的监控：学生分析某种策略与某种结果之间的关系，以确定所使用策略的有效性。

---

① 王言根.学会学习——大学生学习引论[M].北京：教育科学出版社，2011：198-199.

下面就知识与技能的掌握程度、学习目的与态度和学习方法以及策略运用这三个方面，参照日莫曼的社会认知调节学习理论，具体阐述自我评价与调节的内容与方法。

1. 知识与技能掌握程度的自我评价与调节

（1）知识与技能掌握程度的自我评价。知识与技能掌握程度是相对于学习目标所要求的知识与技能而言的。大学生对于自身知识、技能掌握程度的自我评价，首先要明确知识、技能掌握的行为目标，也就是说，所设定的知识、技能掌握的目标要具体明确，不要模棱两可，可以通过行为的外部表现明确观察。只有明确、可操作，才具有很好的指向性，也便于进行自我评价。例如，对某门课的期末成绩的学习目标自我评价是"较好"，就不如自我评价为"优秀"以上那么明确、那么更有指向性和激励作用。其次，要了解目前知识、技能掌握程度与学习目标之间的差距。如果学习目标设定得较为具体、明确，找出某一时期学习状况与学习目标之间的差距就较为简单。如学习目标是 95% 的单词能认、会写，而某一时期只能掌握 80% 的单词，那么，显然 95% 与 80% 之间的差距就是没有掌握的单词。相反，如果学习目标设定得模糊不清，就很难准确判断出目前学习状况与学习目标之间到底存在什么差距，差距有多大。

此外，还可从以下几方面分析自己的情况：是否清楚基本概念的内涵和外延？能否将新学知识和已有知识联系起来？能否对所学知识举一反三、触类旁通？能否在实际条件下灵活运用所学知识？在此基础上，分析导致目前知识、技能掌握程度与学习目标之间差距的原因，找到解决差距的办法。在分析原因时，一定要把握住影响学业成绩的所有主要变量，包括个人因素、环境因素、行为因素。通常影响学生学业成绩的因素是纷繁多样的，既有教师方面的因素，也有课程和教材本身的因素，还有学习环境（包括学习的物质条件、学习气氛、学习资源与手段等）方面的因素，更有学习者自身的因素。如学习的前提性知识储备不足、学习兴趣不浓、学习动机不正确、学习努力程度不够、学习方法和策略有问题、学习缺乏计划性等。在诸多因素中，学习者自身的因素尤其要特别重视。总之，一定要全面分析，找到问题的症结。但需注意，有时结果与影响因素之间可能并非一一对应的关系，多种影响因素有时可能交织在一起，这时要尽量找到那些起关键作用而自己又可以积极改变的因素。另需指出的是，知识本身也是分层次的，一般认为知识掌握的程度由低到高可分为知道、领会、应用、分析、综合和评价六个序列。由于不同的学习者对同一知识掌握的层次不一样，理解和学习的效果也就不一样。因此，大学生要尽可能提升知识掌握的层次。

（2）知识与技能掌握程度的评价指标[①]。

① 知识积累指标：可以用教学计划规定的必修课和选修课考试成绩加权求和平均得出的数据来表示，即：

$$T(课堂学习成绩) = \frac{\sum_{i=1}^{n}(课程成绩 \times 课程学分数)}{课程总门数 \times 课程总学分数}$$

根据 T 值划分等级：T 在 90 分以上者为优秀；75～89 分者为良；60～74 分者为中；60 分以下者为差。同时，也可根据学生（同年级同专业）的 T 值排列先后顺序，作横向比较，列同年级同专业前五名为优；列平均成绩之上而又未进入前五名为良；列平均成绩之下而

---

① 刘智运. 大学生学习素养[M]. 北京：清华大学出版社，2014：164-167.

不是末五名为中；列最后五名为差。

② 课外成绩：学习者的课外成绩包括参加全国、省市、院校各类智能方面的竞赛获奖情况和所发表的论文数量情况，其标准可以按等级自定。例如，课外智能竞赛以 10 为满分，获奖评定标准见表 5-1。

表 5-1　分　　数

	一等奖	二等奖	三等奖
全国级	10	6	6
省市级	6	4	2
院校级	3	2	1

③ 知识掌握的常模参数法：如果原始分数未分组，则把全部原始分数由高到低排列，计算每一个原始分数换算成百分等级分数为：

$$P_x = 100 - \frac{100R - 50}{N}$$

其中，P_x 表示百分等级，x 表示原始分数，R 表示原始分数名列第几名，N 表示总个数。

例如，有 50 名学生参加数学考试，其中某考生知道自己考了 81 分成绩，并名列第 5，那么该考生的百分等级为

$$P_{81} = 100 - \frac{100 \times 5 - 50}{50} = 91$$

计算结果表明：该考生在全部 50 名中处于第 91 个百分等级，意味着他对数学的学习水平超过全部考生的 91%。百分等级的意义在于，它数值越大说明考生知识掌握情况就越好。反之，就越差。若单看 81 分，那真的没有什么实际价值。

如果别的同学都考了 85 分以上，就你考了 81 分，是不是不比不知道，一比吓一跳啊。

④ 知识掌握的分数法：如果你只想了解自己对所学的知识掌握了没有，一个最简单的方法就是拟定一个你可接受的最低标准分数，如果达标了，恭喜你，你就在分数线上。我们称这种方法为掌握分数法的简单版本。

现在的问题是，这个掌握分数如何来定呢？如果在百分制中，你认为 60 分为掌握分数，那么，你的标准是不是低于老师的标准了呢？那位教授认为 90 分才算掌握分数啊。这是一句玩笑话，但很激励人的。

从教学经验看，一般选择 80% 的人通过的标准为掌握分数，而最高标准选择 100%，这样我们就可进一步了解学习者对所学知识掌握的程度，计算公式为：

$$P_o = \frac{X}{Y} \times 100$$

其中，P_o 表示正确百分数，X 表示实际得分数，Y 表示满分。如 $P_o = 91$，说明学习者对所学习的知识掌握了 91%。

同时我们还应明白，一个具体的测量分数并不能完全反映学习者学习知识的量和质，它还受到其他因素的影响。如考题的知识覆盖面、代表性、难易程度等，教师对评分标准的掌控，以及考生的生理和心理状态。

（3）知识、技能掌握程度的自我调节。在对知识、技能掌握程度进行自我评价的基础

上，要及时地对知识、技能掌握程度进行自我调节。方法步骤是，根据自我评价的结果，找出与学习目标的差距、差距存在的原因，分析下阶段学习任务，设置具体的、接近学习目标的子目标，并对实施这些子目标的步骤、时间及操作行为作出安排，确定要使用的学习策略。并且在具体情境中使用策略时，还要对策略的使用情况进行实时监控（包括对策略结果的监控），对策略实施所带来的学习结果进行评价，分析某种策略与某种结果之间的关系，以确定所使用策略的有效性。

例如，在复习准备英语四级考试的时候，就可以参照上述方法，对自己的学习过程进行自我调节。首先，可以通过做一份往年的真题试卷来检验一下自己的英语水平。并在此基础上，为自己设定一个具体的、可操作的目标，如要达到480分。不仅如此，还要具体设定听力理解、阅读理解、综合测试和写作测试这四个部分的分数，使目标更为具体化。其次，分析自己与目标存在差距的原因是没有作出努力，还是方法不对，或者是应试策略有待提高。而后，根据各个部分存在差距的原因，选取相应合适的学习策略，进行自我调节。如努力不够，可以采取"自我奖励与惩罚"的自我调节学习策略，达到子目标时，奖励自己出去郊游、看电影、听音乐；没有达到子目标时，强迫自己天天上晚自习，周末不休息，节日不回家。如应试经验不足，可以采取"寻找社会帮助"的自我调节学习策略，从有经验的同学或老师那里寻求帮助。在策略实施过程中，还要对整个过程进行监控，实时评价，实时调节。最后，要对策略执行的结果进行评价，如容易记错的单词是否已经都记住了，如果都记住了，就可以把学习重心放在其他方面，如果没有记住，就必须分析没记住的原因，根据原因采取适当的自我调节策略。在整个自我调节学习的过程中，可以通过列表（参照表5-2）来反映整个学习过程，使得整个过程更为清晰。

表5-2　卡尔文的考试预测和准备技能的自我调节发展过程[①]

项　目	周	过程/反馈/计划
自我评价与监控	1	过程监控：每周复习西班牙语0小时，考前复习1小时，笔记中有但考试答错的题目分数为15，笔记中没有但考试答错的题目分数为20，答错的问题类型为词汇 反馈：考试分数为60（百分制），自我效能感为60
计划与目标设置	1	目标：降低笔记中有但考试中答错的题目数量 策略：开始每周复习，以确认并重点记忆笔记中的词汇
策略执行与监控	2	过程监控：每周复习2小时，考前复习1小时，笔记中有但考试答错的题目分数为12，笔记中没有但考试答错的题目分数为0，答错的问题类型为词汇 反馈：考试分数为65，自我效能感为63
策略结果的监控	3	过程监控：每周复习3小时，考前复习1小时，笔记中有但考试答错的题目分数为10，笔记中没有但考试答错的题目分数为0，答错的问题类型为词汇 反馈：模拟考试分数为70，自我效能感为70 新策略：运用记忆术
	4	过程监控：每周复习4小时，考前复习45分钟，笔记中有但考试答错的题目分数为3，笔记中没有但考试答错的题目分数为0，答错的问题类型为词汇 反馈：模拟考试分数为85，自我效能感为90

① B. J. Zimmer man. 自我调节学习[M]. 姚梅林，等，译. 北京：中国轻工业出版社，2001：134.

通常情况下，要准确地判断自己对知识、技能的掌握程度，须学会设置不同的测验项目。美国教育心理学家格兰伦德(1988)认为，知道、领会、应用与分析水平的目标，适用于是非题、简答题、匹配题以及多项选择题测验；综合和评价水平则比较适宜于论文测验。

2. 学习目的、态度的自我评价与调节

学习目的与学习态度都是影响学习的重要因素，因此，对于学习目的、学习态度的自我评价与调节至关重要。

对学习目的的评价包括学习目的是否明确，是否科学合理，是否考虑了社会需要和个人条件，以及有无长远目的和近期目的等。对学习态度进行自我评价，要从认知、情感、行为倾向三个方面进行。在实践操作时，可以通过设置一个自我评价表来对自己的学习目的和学习态度进行自我评价，及时地反思。例如，可以通过《学习动机问卷》对自己的学习动机进行评价(见表5-3)。该问卷由13个项目组成，分为学习兴趣、表层动机、深层动机、成就型动机四个维度。

表 5 - 3　学习动机问卷

题　　项	完全不符	基本不符	有点不符	有点符合	基本符合	完全符合
1. 我非常喜欢学习	□	□	□	□	□	□
2. 我讨厌学习	□	□	□	□	□	□
3. 如果不是为了考试能通过，我才不愿去学习呢	□	□	□	□	□	□
4. 老师不应要求学生去学习教学大纲以外的内容，即使它们是十分有用的	□	□	□	□	□	□
5. 我学习无非是为了将来能顺利毕业，拿个文凭而已	□	□	□	□	□	□
6. 我是为了获得新知识才努力学习的	□	□	□	□	□	□
7. 我觉得学习本身就是一件非常有趣的事情	□	□	□	□	□	□
8. 我认为学习是为了使我们学会思考、掌握知识	□	□	□	□	□	□
9. 我是为了得到表扬和鼓励才努力学习的	□	□	□	□	□	□
10. 为了获得好名次，即使是自己不喜欢的课程，我也会想法去学好它	□	□	□	□	□	□
11. 在学习上我努力刻苦，为的是要比其他同学都学得好	□	□	□	□	□	□
12. 我总想学习新知识	□	□	□	□	□	□
13. 一提学习我就头痛	□	□	□	□	□	□

通过学习态度评价指标表可以对自己的学习态度进行评价，见表5-4。

表5-4　学习态度评价指标表①

项　目		标　准
学习态度评价指标	(1) 事业心	□优：热爱祖国，有强烈的事业心 □良：学习积极，事业心较强 □中：学习积极性逐渐提高 □差：不专心学习，事业心不强
	(2) 自觉性	□优：有强烈的求知欲望，学习积极主动，充分利用时间 □良：求知欲强，学习较主动，能利用时间 □中：有求知欲，按时完成学习任务，时间抓得不紧 □差：缺乏求知欲，学习被动，大量浪费时间
	(3) 刻苦精神	□优：知难而上，锲而不舍，百折不挠 □良：有坚持精神，能克服学习中的困难 □中：尚能克服学习中的困难，但缺乏创新精神 □差：浅尝辄止，不愿深钻

在对学习目的、学习态度评价的基础上，针对存在的问题进行深入的分析，找出问题的症结所在。在分析问题的原因时，要从个人、环境与行为三方面因素出发综合进行考察，从而为自我调节提供科学的依据。在此基础上，采取适当的调节策略，对自身的学习目的、学习态度进行调节。并且，在调节过程中，进行实时监控，及时根据实际情况来调整自我调节的方案。

例如，针对学习目的中没有近期目标这个问题，可以采取"目标设定与安排"的自我调节学习策略，设定接近学习目标的子目标，并对实施这些子目标的步骤、时间及操作行为作出安排。通过该自我调节学习策略的实施，使学习目的由"大"变"小"，易于操作，易于达到。在子目标设定和实施过程中，还要根据个体的实际情况，不断进行调节，最后，评价其是否达到预想的效果，从而为进一步的自我调节提供依据。

3. 学习策略运用的自我评价与调节

(1) 学习策略运用的自我评价。学习策略运用的评价是学习的自我评价的重要内容，它对于提高学习效能具有至关重要的意义。但由于我国在这方面的研究工作起步较晚，至今还没有设计编制出适合于大学生对其学习策略的运用进行自我评价的有效工具，也缺少相应的常模参照指标。因此，目前大学生可以根据自己的实际情况设置一个自我评价表，对学习策略的运用进行自我评价。在自我评价表里要包括学习的问题、采取的学习策略、预想的效果、具体实施的效果、差距及其原因。通过这样一个自我评价表对所采取的学习策略进行评价，得出评价结果，为自我调节打好基础。

(2) 学习策略的评价指标。学习活动评价指标如表5-5所示。

---

① 刘智运. 大学生学习素养[M]. 北京：清华大学出版社，2014：163.

表5-5　学习活动评价指标表①

项 目		标 准
学习策略评价指标	(1) 预习	1. 有无预习习惯： □每课必预习　□经常预习　□有时预习　□不预习 2. 预习方法 □方法多样化　□方法单一　□不讲究方法 3. 预习效果 □很好　□较好　□尚可　□不明显
	(2) 听课	1. 听课注意力集中程度 □非常集中　□较集中　□较分散 2. 听课方法 □方法多样　□方法单一　□不讲究方法 3. 听课效果 □很好　□较好　□尚可　□不好
	(3) 复习	1. 有无复习习惯： □经常复习　□有时复习　□不复习 2. 复习方法 □方法多样　□方法单一　□不讲究方法 3. 复习效果 □很好　□较好　□尚可　□不明显
	(4) 练习	1. 是否按时完成和主动完成 □是　□基本是　□有时不是　□经常不是 2. 能否独立完成 □能　□基本能　□有时不能　□经常不能 3. 练习质量 □优　□良　□及格　□差
	(5)自修	1. 目标与计划 □目标明确，计划周密　□目标明确但不周密 □目标不明确，计划欠周密　□无目标无计划 2. 时间安排 □合理　□比较合理　□不合理 3. 自修效果 □很好　□较好　□尚可　□差
※注释：练习包括作业、实验报告、实习报告和课外训练。		

（3）学习策略运用的自我调节。关于学习策略运用的自我调节要注意以下几点：

① 策略设计：在对学习策略运用的自我评价基础上，要从个人、环境、行为三种因素出发，分析造成差距的原因，是由于学习策略选择不当，还是由于学习策略在运用的过程中出了问题等。具体原因具体分析，从而进行有针对性的调节。

① 刘智运. 大学生学习素养[M]. 北京：清华大学出版社，2014：163.

② 策略执行与监控：在具体情境中使用某个调节策略时，要监控该调节策略是否对原来的学习策略起到积极的促进作用，如果对原来使用的学习策略有促进作用，则该调节策略是成功的、有效的；反之，该调节策略是不适宜的，需要另外采取适合的调节策略。

③ 策略结果的监控：对该调节策略所取得的结果进行监控，对比使用该调节策略前后学习效果有无提高，来评定该调节策略是否有效，以及是否需要对原来的学习策略进行进一步的调节。

在选择学习策略时，如能及时注意到自己学习过程中出现的不良信号，并进而采取针对性的策略，常常能收到意想不到的实效，例如：上课听讲困难，该预习教材了；学习任务繁重，时间安排不开，该制订学习计划了；对课本前后关系研究不透，该归纳知识网络了；陷入题海战术，该研究题型特点了……

5.2　能力故事

一、王公馆的园丁

一天，有一个年轻人，在街角的小店借用电话。他用一条手帕，盖着电话筒，然后说："是王公馆吗？我是打电话来应征园丁的，我有很丰富的经验，相信一定可以胜任。"电话接线生说："先生，恐怕你弄错了，我家主人对现在聘用的园丁非常满意，主人说园丁是一位尽责、热心勤奋的人，所以我们这儿并没有园丁的空缺。"

年轻人听罢，便有礼貌地说："对不起，可能是我弄错了。"接着便挂了电话。小店的老板听了这个年轻人的话，便说："年轻人，你想找园丁工作吗？我的亲戚正要请人，你有兴趣吗？"年轻人说："多谢你的好意，其实我就是王公馆的园丁。我刚才打的电话，是用来自我检查，确定自己的表现是否合乎主人的标准而已。[①]"

思考与讨论

（1）年轻人为什么要假装打电话应聘王公馆园丁的工作？

（2）本案例对你还有何启示？

二、一棵苹果树结果的故事

一棵苹果树，终于结果了。

第一年，它结了 10 个苹果，9 个被拿走，自己得到 1 个。对此，苹果树愤愤不平，于是自断经脉，拒绝成长。

第二年，它结了 5 个苹果，4 个被拿走，自己得到 1 个。"哈哈，去年我得到了 10％，今年得到 20％！翻了一番。"这棵苹果树心理平衡了。

但是，仔细想想它完全可以采用另一种方式：继续成长。比如，第二年，它结了 100 个果子，被拿走 90 个，自己得到 10 个。也可能，它被拿走 99 个，自己得到 1 个。但没关系，它还可以继续成长，第三年结 1000 个果子……[②]

---

① http://www.duwenzhang.com/wenzhang/shenghuosuibi/20121112/242448.html.

② http://www.zybang.com/question/a413522625e2efbfbbf706dcd80de95d.html.

思考与讨论

（1）苹果树在成长的过程中忽略了什么？

（2）本案例对你还有哪些启示？

三、自省拯救了微软

1995 年，Internet 浪潮方兴未艾。面对 Internet 的诱惑与挑战，微软公司的一位董事曾就公司的 Internet 策略问题咨询比尔·盖茨的意见："我们为什么不多做一些与 Internet 相关的工作呢？"当时，比尔·盖茨用近乎揶揄的口吻回答说："这是一个多么愚蠢的建议呀！ Internet 的所有东西都是免费的，没有人能赚到钱。"

但当比尔·盖茨宣布微软不会涉足 Internet 领域后，许多员工提出了尖锐的反对意见。不少员工直接发信给比尔说，这是一个错误的决定。当比尔·盖茨意识到自己的决定并没有得到大多数人支持后，他花了大量时间重新认识和理解 Internet 产业，最终，他承认自己此前的决定是武断的和错误的。

为了扭转公司的方向，比尔·盖茨亲自撰写了《互联网浪潮》这篇著名的文章。同时，他把许多优秀员工调到 Internet 部门，也因此取消和削减了许多与 Internet 无关的产品。那些曾经直言劝谏的员工不但没有受到处分，而且还被委以重任，逐渐成为公司重要部门的管理者。结果，微软公司很快成了 Internet 领域的领跑者。

在瞬息万变的软件行业里，自省的精神、直接的沟通、宽大的胸怀以及自我修正的魄力可以让我们临危不乱——从这个意义上说，正是自省拯救了微软公司[①]。

思考与讨论

（1）比尔·盖茨如何扭转了公司的方向？

（2）本案例对你还有哪些启示？

四、曾国藩的日记

曾国藩日记洋洋洒洒数十万言，上下册出版印刷数十万册，日记里并没有太多的哲理精髓，它只是用中国文化底蕴阐述着持之以恒以至演化成规律的道理，而使日记成为一件反躬自省、修身养性的武器。

曾国藩出身农家，没有任何靠山，其后来的显赫业绩完全凭靠个人的不懈奋斗。他的资质在史学界一直论为愚钝，但即使不是这样，绝对谈不上突出。当他中举后发现自己缺乏身心修养，就以写日记的方式时刻警示自己。因没有银子参加同僚们的陪酒应酬，曾国藩时常受到同僚的嘲讽讥笑，在苦闷和孤独中，他用毛边纸装订了几个小本子，给自己订了一年的"日课册"，决定把每天的事情写到日记当中，以便及时纠正自己的缺点和不足。日课册被他命名为《过隙影》，也就是自己写给自己看的日记，曾国藩将自己的身过、口过、心过都记在日记当中，终身不间断，并以此改过自新，以求进取。当时的同僚陈公源这样评价他："几年如一日，不要说越制，就是错话又何曾说过一句？"

---

① http：//www. rs66. com/a/2/89/qiangzhe_dangshouxiandongdezisheng_81577_2. html.

曾国藩在给弟弟的信中说："每日有日课册，一日之中，一念之差，一事之失，一言之默，皆笔之于书，以便触目克治。""余向来有无恒之弊，自此次写日课本子起，可保终身有恒矣。"

曾国藩将日记作为自己自励、自责、自省的一件武器，从一位普通的农家子弟成长为一位权倾一时的"中兴第一名臣""中国最后一位儒家大师"，对后世产生深远影响①。

思考与讨论

（1）曾国藩坚持写日记的故事给你的启示是什么？

（2）本案例对你还有何启示？

五、三省吾身

春秋时期，孔子的学生曾参勤奋好学，深得孔子的喜爱，同学问他为什么进步那么快。曾参说："我每天都要多次问自己：替别人办事是否尽力？与朋友交往有没有不诚实的地方？先生教的学生是否学好？如果发现做得不妥就立即改正。"（吾日三省吾身：为人谋而不忠乎？与朋友交而不信乎？传不习乎②？）

思考与讨论

（1）你能否做到三省吾身？

（2）本案例对你有何启示？

5.3 能 力 训 练

一、你的接受型学习方式是什么

通过下面的小测试，我们可以大致判断自己的接受型学习方式③。

阅读下列每条陈述句，并且根据你把它们作为学习手段的有用性程度排列等级（见表5－6）。按照你的个人经历和喜好，使用如下评价分数进行排序：

表5－6　有用性程度

1＝完全没用；2＝不是非常有用；3＝中等；4＝有一点用；5＝非常有用				
	1	2	3	4	5
（1）单独学习					
（2）通过学习图画和图表来理解复杂概念					
（3）听课堂讲课					
（4）宁愿亲自操作一个程序而不愿阅读或聆听完					

---

① http://blog.sina.com.cn/s/blog_4a5614910100058d.html.

② ［宋］洪迈·容斋续笔·十五·逐贫赋［M］.北京：国家图书馆出版社，2003.

③ ［美］罗伯特·S·费尔德曼.鲍尔学习法［M］.3版.林荣日，曹珍芬，译.上海：复旦大学出版社，2010：63－65.

1＝完全没用；2＝不是非常有用；3＝中等；4＝有一点用；5＝非常有用	1	2	3	4	5
（5）通过阅读文字说明书学习一个复杂的程序					
（6）观看或聆听电影、电脑或视频报告					
（7）利用录音带听一本书或讲座					
（8）做实验室工作					
（9）学习老师发的资料和讲课笔记					
（10）在安静的房间里学习					
（11）参与小组讨论					
（12）参与实用的课堂实证活动					
（13）记下笔记，随后再学习					
（14）制作抽认卡，把它们当做学习和复习工具使用					
（15）通过在头脑里"有声音"地拼写来记住和回忆单词怎样拼写					
（16）记下关键事实和重要观点作为记忆它们的工具					
（17）通过在头脑里看见它来回忆怎样拼写单词					
（18）在阅读时把重要事实或段落画下划线或突出显示					
（19）学习时，把学习内容大声说出来					
（20）通过在空中或在纸面上看不见地"写"一个单词来回忆怎样拼写它					
（21）通过阅读课本来学习新知识					
（22）使用地图来寻找一个不知道的地方					
（23）在学习小组里学习					
（24）在没有向导的情况下直接去寻找你曾经去过的一个地方					

得分：_____。

上述（调查表中的）陈述句按以下顺序对 4 种接受型学习方式各做一次：

① 视觉/文字型；② 视觉/非文字型；③ 听觉/文字型；④ 触觉/动觉型。

为了找出你的主要学习方式，忽略掉等级 1、2 和 3。每一种学习方式中把等级 4 和 5 的分数累加起来（如一个"4"等于 4 分，而一个"5"等于 5 分）。使用表 5-7 把上述各个陈述句与学习方式联系起来，并且写出你的等级总分数。

表 5-7　学习方式与等级分数

学习方式	陈述句	等级总分数
视觉/文字型	1，5，9，13，17，21	
视觉/非文字型	2，6，10，14，18，22	
听觉/文字型	3，7，11，15，19，23	
触觉/动觉型	4，8，12，16，20，24	

对于任何给定的学习方式，其等级分数总和将介于最低值 0 分和最高值 30 分之间。最高总分数表明了你所属的主要接受型学习方式。如果两种或两种以上的学习方式所得的等级分数相近，说明你拥有混合的学习方式[①]。

二、从座位的选择看你的学习态度

如果你可以选择的话，你最喜欢坐在教室中哪一个位置？

A. 第一排正中央   B. 教室的正中央

C. 最后一排   D. 离老师最远的角落

答案：

选择 A：第一排正中央

你喜欢坐在第一排正中央，这种行为表示你是一个求知欲和学习意愿高的人，而且这种学习动机是你自发的，你不是为了他人而学，而是个很有求知心的好学生。

选择 B：教室的正中央

你是一个很希望老师注意你的人，在班上你一直有想出风头的期望，上课的内容对你来讲不重要。你是一个很容易被人影响学习情绪的人，你的读书动机也不是很自主。

选择 C：最后一排

你之所以会坐在最后一排，是因为你是个不喜欢被老师注意，也不喜欢出风头，只喜欢安安静静想自己事情的人。你的学习意愿其实也不算低，只是你很需要有自己的空间来做自己的事。如果有你喜欢听的课程，你就会投入去听。你对上课内容不感兴趣，你就会做自己的事了。

选择 D：离老师最远的角落

你是一个恨不得躲起来看不到老师，老师也看不到你的人。你不是很讨厌老师，但是你实在是非常讨厌上课，你的学习意愿可以说等于零。你觉得上课简直就像坐牢，所以会坐在离老师最远的角落。

未来的我们想要在职场中如鱼得水，成为企业里不可替代的人才，应该学什么，如何学习，向谁学习呢？学习的内容非常广泛：既可以学习与工作相关的技艺，也可以学习沟通技巧，学做人；既可以关注专业方面的新方向、新动态，也可以关注新闻大小事件；既可以进修英语、计算机，也可以选择自己喜爱的音乐、舞蹈等艺术。总之，只要是对工作、生活、身心健康有益的内容都可以广而学之。广泛的学习首先能提升自我，从而在专业方面有所建树，其次可以使我们的工作生活充实而快乐，再次可以拓展视野，对在工作中与客户沟通相当有益。

在学生时代有老师督促着我们学习，为我们制定学习目标和计划，促进我们完成学业。在毕业之后，我们可以通过哪些途径提升自我呢？

（1）正规学习：学院派，包括以下几类。

继续深造。自考、专升本、考研；

出国留学。考 GRE/GMAT、托福；

---

① 张振刚，雷育胜. 大学生学习与职业生涯规划[M]. 北京：清华大学出版社，2014.

职业资格证。律师证、会计证、人力资源管理师证、精算师证、英语培训师证等。

（2）非正规学习：随时随地，向任何人学习，包括以下几类。

随时学习。工作时、运动时、闲暇时、等车时、周末、旅途中、交谈时等；

随地学习。办公室、聚会场所、家、球场等；

向任何人学习。同事、上司、客户、朋友、家人、旅途中结识的人、演讲者、社会名人、历史杰出人物等；

多途径学习。报纸、电视、网络、广播、书、交谈、观察等。

（3）按兴趣爱好学习。兴趣是最好的老师，也许它将成为你走向成功的钥匙，也许它是你生活的调味料。无论如何，你总可以为兴趣留出一点时间和空间，按自己的兴趣去选择学习内容，如绘画、唱歌、插花、足球、乐器、魔术等①。

三、学习态度小测试

学习态度决定学习成果。请你根据自己的真实情况，在括号内填"是"或"否"，否则测试没有意义。

1. 上课老师提问时，我喜欢听同学回答问题和老师的总结。　　　　　　　　（　）

2. 我的学习成绩比别人差，就会感到难过。　　　　　　　　（　）

3. 做功课和接待朋友这两件事，我更喜欢后者。　　　　　　　　（　）

4. 每天晚上和周末的学习时间，我都安排得井井有条。　　　　　　　　（　）

5. 我觉得学习真是一件苦差事。　　　　　　　　（　）

6. 作业中遇到难题，我喜欢自己动脑筋思考并解决。　　　　　　　　（　）

7. 我很少预习，也照样听课。　　　　　　　　（　）

8. 寒暑假里我也是每天学习，从来不赶作业。　　　　　　　　（　）

9. 不感兴趣的课程，我就不愿意花很大的力气去学。　　　　　　　　（　）

10. 我喜欢和别人讨论学习中的问题。　　　　　　　　（　）

11. 我听课时从不走神，总是尽量领会老师讲的内容和讲课的意图。　　　　　　　　（　）

12. 学习成绩好不好，我不在乎。　　　　　　　　（　）

13. 我在考试前"临阵磨枪"，效果往往挺好的。　　　　　　　　（　）

14. 即使是我特别想看的电视节目，在没做完功课前也不看。　　　　　　　　（　）

15. 老师留的选作题太难，我一般不做。　　　　　　　　（　）

16. 就是想多学一点知识，考试不考试无关紧要。　　　　　　　　（　）

17. 我在学习上有忽冷忽热的毛病。　　　　　　　　（　）

18. 我喜欢琢磨习题的多种解法。　　　　　　　　（　）

19. 上课没听明白的问题，我也不愿意问老师和同学。　　　　　　　　（　）

20. 我不埋怨老师讲得好不好，主要靠自己努力。　　　　　　　　（　）

21. 我喜欢解答能从教材中找到答案的问题。　　　　　　　　（　）

22. 偶尔一次考不好，我不气馁，总会赶上的。　　　　　　　　（　）

23. 我在学习时，有点噪音就学不下去了。　　　　　　　　（　）

---

① http://www.people.com.cn/GB/shenghuo/1090/2456095.html.

24. 不管老师是否布置作业，我都有自己的学习内容。 （　　）

25. 现在学习的东西，将来用不上，不是白学了吗？ （　　）

26. 平时如果得个小病，我从不耽误学习。 （　　）

27. 每次发试卷，只要听明白老师的试卷分析就不愿意改正自己试卷中的错误。 （　　）

28. 当天的功课当天完成，我从不拖拉。 （　　）

29. 我不喜欢看课外参考书。 （　　）

30. 每天课后写完作业，我就觉得踏实了。 （　　）

31. 每次考试后，我都分析自己的答卷，找到知识中的缺陷。 （　　）

计算结果：凡偶数序号的内容，你选择"是"，请记上 1 分，选择"否"则 0 分；凡奇数序号的内容，你选择"否"，请记上 1 分，选择"是"则 0 分。将分数相加，按以下标准来评价自己的学习主动性。

25～32 分　学习主动性很强

16～24 分　学习有主动性

15 分以下　学习缺乏主动性[①]

四、自我 SWOT 分析

1. 任务目标

通过自我 SWOT 分析，增强对自我的认识，了解自己的劣势，从而找到指导自我学习的最佳方法。

2. 任务过程

（1）老师先讲解 SWOT 分析法，全班分成小组，每个小组 5～6 人。

（2）每个学生一张 SWOT 分析表，让学生把自己的优势、劣势、机遇以及威胁填在 SWOT 分析表中，最后进行小组成员分享。

《SWOT 分析》操作指南图形

优势（strength）	劣势（weakness）
机会（opportunity）	威胁（threat）

3. 任务反馈

（1）当你为自己作 SWOT 分析之后，是否对自己的认识更为深刻？

（2）你知道今后自己学习努力的方向和目标吗[②]？

五、学习方法测试

下面有 25 道题，每道题有 3 个备选项，请根据自己的实际情况选择，每题只能选择一种结果。

---

① 新世纪高职高专教材编审委员会. 职业素养提升与训练[M]. 大连：大连理工大学出版社，2012.

② http：//www. 360doc. com/content/12/0208/18/2157570_185097701. shtml.

A. 较符合自己的情况　　　　　B. 难回答　　　　　C. 不符合自己的情况

1. 喜欢用笔勾画并记下阅读中不懂的地方。　　　　　　　　　　　　　　（A　B　C）
2. 经常阅读与自己学习无直接关系的书籍。　　　　　　　　　　　　　　（A　B　C）
3. 在观察或思考时，重视自己的看法。而且在遇到问题时，对自己的看法很有信心。

　　　　　　　　　　　　　　　　　　　　　　　　　　　　　　　　（A　B　C）
4. 对老师将要讲的课会做很充分的预习，并且会预先做一些练习。　　　　（A　B　C）
5. 遇到问题，我喜欢和同学一起讨论。　　　　　　　　　　　　　　　　（A　B　C）
6. 为更好地理解老师讲的课程，我会将笔记等内容归纳成文字或图表。　　（A　B　C）
7. 听老师讲解问题时，眼睛注视着老师。　　　　　　　　　　　　　　　（A　B　C）
8. 我喜欢利用参考书和习题集。　　　　　　　　　　　　　　　　　　　（A　B　C）
9. 对于学习中的要点，我会很注意归纳并写出来。　　　　　　　　　　　（A　B　C）
10. 我不经常查阅字典、手册等工具书。　　　　　　　　　　　　　　　（A　B　C）
11. 我对作业和考试中的错误会进行修改并根据试卷分析自己错误的原因。（A　B　C）
12. 我认为重要的内容，就格外注意听讲和理解。　　　　　　　　　　　（A　B　C）
13. 阅读中若有不懂的地方，非弄懂不可。　　　　　　　　　　　　　　（A　B　C）
14. 在学习的时候会经常联系其他学科内容进行学习。　　　　　　　　　（A　B　C）
15. 在动笔解题以前，先做全面的审题，有了设想后，才去解题。　　　　（A　B　C）
16. 阅读中认为重要的或需要记住的地方就划上线或做上记号。　　　　　（A　B　C）
17. 经常向老师或他人请教不懂的问题。　　　　　　　　　　　　　　　（A　B　C）
18. 喜欢讨论学习中遇到的问题。　　　　　　　　　　　　　　　　　　（A　B　C）
19. 我很注意别人好的学习方法，并努力学会。　　　　　　　　　　　　（A　B　C）
20. 对需要记牢的公式、定理等反复进行记忆。　　　　　　　　　　　　（A　B　C）
21. 经常观察实物或参考有关资料对其进行学习。　　　　　　　　　　　（A　B　C）
22. 听课时做完整的笔记。　　　　　　　　　　　　　　　　　　　　　（A　B　C）
23. 我有专门的错题本。　　　　　　　　　　　　　　　　　　　　　　（A　B　C）
24. 如果实在不能独立解出习题，就看了答案再做。　　　　　　　　　　（A　B　C）
25. 我经常制订学习计划，但不一定按照计划来做。　　　　　　　　　　（A　B　C）

评价方法：

每题都有相对正确的选择，选对 1 题得 1 分，凡是"B"的，均得 0.5 分。

参考答案： 1. A；2. A；3. A；4. A；5. C；6. A；7. A；8. A；9. A；10. C；11. A；
12. A；13. A；14. A；15. A；16. A；17. A；18. A；19. A；20. A；21. A；22. A；
23. A；24. C；25. C

学习方法测定成绩评价：

测试分值若高于 20 分，说明你的学习方法还是比较理想的。

如果你这部分的成绩很好，但自己在学校考试中的表现一直不好，就说明你的问题并非出在方法上，也许是学习态度或学习品质出了问题。

若低于此分数，则说明还有些地方没做好，需要改进等①。

① http://www.doc88.com/p-990235884154.html.

拓展阅读：自省的力量

1. 反躬自省

"子曰：'射有似乎君子，失诸正鹄，反求诸其身。'"（《中庸》）孔子说，射箭很像君子修身的道理，射不中靶子，要回过头来检讨自己，反躬自省。

孟子说："爱人不亲，反其仁；治人不治，反其智；礼人不答，反其敬；行有不得者皆反求诸己，其身正而天下归之。"

反躬自省，就是当出了问题时、当面对批评时，多在自己身上找原因。

这个道理我们都知道，也能认同，但就是做起来比较难。

为什么难？因为我们挑战了自己的自尊。

为自己辩护、给自己找借口、指出外界的或他人的责任，这些都是自尊的需求。遇到了问题或受到批评指责，我们的自我防御系统第一时间就启动起来，我们的心理马上进入防守状态，竖起坚硬的盾牌来保护脆弱的自尊。

所以，反躬自省需要内心足够强大。"子曰：'君子求诸己，小人求诸人。'"就是因为君子的内心很强大，不需要过多的保护，因为没有什么能轻易就伤到他的自尊。

而我们常常做不到，是因为我们的自我不够强大，我们不够自信，自尊太脆弱。要想有能力在面对压力时反省自己，就要平时增强自信心，给自我增值，让自尊心更皮实一些。

当自我强大到一定程度时，你就可以放下自我了，不需要时时捧着它。这就如同太极拳的以柔克刚，放下了自我，你就没什么非得要去保护的，你可以敞开了去迎接一切，而不必担心失去或受伤害。这时，你就可以做到反躬自省了。

有人看到这可能想，别提"放下自我"，看到这四个字我就烦，太抽象，太难做到。

那我们还可以这样想：遇到问题和批评，先别急着考虑你的自尊，先去做点建设性的事情。你可以跟自己说：自尊啊，你先等一等，我有点别的事要办，别闹，办完了就回来哄你。给它来个延迟满足。

然后我们看看这个事情，为什么会出现这个情况，自己可以总结出什么教训，还有什么可以改进的，可以学到什么。做完了这些，我们就已经做到了反躬自省。这时，再回过头来看看自己的自尊，你会发现它自己就好了，它已经没事了。

就是说，当你反省了自己的问题之后，通常，你的自尊也没有问题了。它甚至比之前更强大！

这么看，同样还是这两件事，关键是做的顺序要对。顺序错了，就是两件事，或者很多事；顺序对了，就是一件事——反省自己，而且还有额外奖励——内心变得更强大。何乐而不为呢！

所以，下次当我们再遇到问题，被人冤枉、指责时，当我们本能地要为自己辩护、去找外界的责任时，我们要有意识地转换一下自己的思路，回头想想自己的问题和责任。

通常，当你这样想的时候，你会发现，你眼眶里的泪海突然就退潮了，你心头的怒火也突然消了很多，你的怨气不再冲天，你的脸色也晴朗了。多好的事情啊！既有收获，又改变了心情，需要做的，只是我们对自己的念头小小地控制一下。

"子曰：'躬自厚而薄责于人，则远怨矣。'"（《论语·卫灵公篇第十五》）孔子说，多反省自己，少责怪别人，那么你就远离怨恨。

"正己而不求于人，则无怨。上不怨天，下不尤人。故君子居易以俟命，小人行险以徼幸。"（《中庸》）端正自己而不苛求他人，你就没有怨气。君子居心平易来等待天命，小人冒险行事来妄求侥幸。

那位讲病的刘善人最擅长的一个治疗手段就是，让患者好好反省自己的过错。患者回去一反省，心里的怨气没了，身心和谐了，自疗功能开始发挥作用，很多人的病就真的慢慢地好了。

可见，反省自己，不仅有助于我们提高和改进，更能增进身体健康。

行有不得，反求诸己。古人的这些话，如果用现代的语言翻译过来，就是说不要有受害者心态，要对自己负起责任，要知道世界是你内心的一面镜子，自己改变了，你的生活和世界自然就改变了。

在这个自我膨胀的时代，提倡反省自己尤其有意义。

让我们从我做起吧。自己给自己当心理医生，自己给自己咨询，最后受益的就是我们自己呀。

2. 自省——你心灵的杀毒软件

十多年前刚出国时，我的英语还算好，但不是非常好。读硕士时，我的电影写作课得了最高分。不过我觉得老师是考虑到了我的语言背景，对剧本的语言方面比较迁就，因为我自己知道，那时写论文和剧本在语言方面还很费心思。说这些，没别的意思，就是为引出下面的故事。

那时写英文，有比较强的纠错能力，但是仍然会有漏洞。当时我发现了一个有趣的现象：我写完之后，自己读一读，做一些修改，觉得没问题了，就放下了，去做别的事情。常常是，当我正在做其他事情时，写完的文章里，有问题的句子就会自动跳到脑子里。一想，确实，这句话应该修改一下。这种情况经常有，我感觉，就好像我脑子里有个负责语言纠错的杀毒软件一样，当我在做其他事情时，这个纠错的杀毒软件仍在工作。

这个潜意识里的纠错软件是怎样来的呢？就是平时大量有意识的纠错行为不断积累而成的。做得多了，即便你不是有意识地做，你在潜意识里也是仍然在做。每一次有意识的纠错行为，都是在给潜意识里的这个软件升级，使它越来越灵敏、越来越准确。

自省也是同样的道理。

"吾日三省吾身"，这是孔子的学生曾子所说，他的本意是说要在这几方面反省自己："为人谋而不忠乎？与朋友交而不信乎？传不习乎？"现在我们通常理解为每天多反省自己。

为什么要每天多反省自己呢？

勤于自省，我们就等于是在给自己心灵的杀毒软件升级。

不懂得自省的人，他就活得浑浑噩噩糊里糊涂，没有学习能力，常常犯相同的错误。他这个计算机就会常出问题，运转速度也慢，弄不好就死机。

其实，我们的良知就是我们最初的心灵杀毒软件。当我们做得不当的时候，即使我们没有特意去想，我们的良知被触到，内心就会本能地感到不安，这个"不安"，就是潜意识里这个杀毒软件的病毒提示。

而每次自省，我们都是在训练自己的内心，在给这个软件升级。

勤于自省的人，他的杀毒软件就比较高级、复杂、细腻，杀毒范围广，杀毒能力强。在他那里，虚荣、贪欲、欺骗、不诚信、怨恨等都是木马病毒，统统都能扫描出来。就是说，自省的训练做得久了，慢慢地，他在潜意识里就会规避种种病毒，让整个人以更和谐的方式来运转。

常常去审视自己的念头和言行，我们就可以在潜意识里做出更多正确的决定，我们可以活得更清醒，也更有效率。

有的人可能会害怕过多的自省会带来更多的自责。

当然了，如果自省后，发现有很多自责，那是好事啊，那说明你需要改进的地方很多，一一改进就是了，改一样，少一样，然后你会发现自己变成自己更喜欢的人了。

但是自省本身不等于盲目的自责。我们自省的话语其实都应该是很积极的，是在往好的一面引导自己的思想言行：我是不是用自己认同的理念在对待孩子？我的说法有没有对他人有益？我的想法是不是善意的、有建设性的？我的做法是不是保护了环境、有益于社会？我的情绪是不是正面的，是不是有助于清除情绪污染、净化自己和他人的心灵空间？

所以自省是积极的、愉快的、建设性的。

还有人会想，总是在检查自己，那活得多累呀。

其实自省会让我们活得更轻快。每次自省，我们就是在做心灵大扫除，我们清除掉了心里的垃圾、负担，杀了很多思想病毒，让心灵大大减负了、净化了。我们由此拥有了一个清静的、和谐的、高速运转的心灵空间。

自省的最高层次，就是对自己和世界时刻保持清醒的认识，换言之就是保持觉知。

"子曰：'内省不疚，夫何忧何惧？'"（《论语·颜渊篇第十二》）的确是这样的，如果我们时刻都能保持心灵的清醒，时刻都不忘了这个世界实际是怎样的、在怎样运作，那我们不但会少了很多烦恼怨恨，也会少了很多对未来的忧虑。我们不再担忧未来的命运，不再担心失败和失意，不再害怕外界的阻力和逆境。

正如古人所说："但行善事，莫问前程"。

而这，正是自省的巨大力量[①]！

课 后 练 习

1. 小汪是一家公司的职员，为了提高业务素质，从而提高自己的竞争力，他想学习一些与工作有关的知识，他买了一些书，经过一段时间的学习后，小汪有些疑问：对于这种非考试性的学习，应该怎样评估呢？谈谈自我学习评价的方法。

2. 你能正确评价自己的学习基础、学习态度和学习方法吗？

3. 对自己近一周的学习效果进行评价。

4. 你对以前的学习是否有了新的认识，对遇到的问题是否有了新的解决办法？

5. 检验自己现有的学习策略，看看如何进行改进。

---

① http://blog.sina.com.cn/s/blog_88520d050100xif5.html.

任务6 自我学习的智力因素

想象力比知识更重要，因为知识是有限的，而想象力概括世界上的一切，推动着进步，并且是知识进化的源泉。

——［美］爱因斯坦

训练目标

（1）了解智力因素对自我学习的影响；

（2）了解常见的影响自我学习的智力因素有哪些；

（3）能对自己的学习进行智力因素分析；

（4）掌握培养良好注意力、观察力、记忆力、想象力和思维力的方法。

6.1 能力基础

自我学习不仅是一种心理能力，而且还是一种社会能力，是持续生存与发展的综合能力。学习者要成功有效地进行自我学习，其影响因素是多种多样的。根据学习者内部因素的影响，可以将自我学习的影响因素分为智力因素和非智力因素。心理学家认为，智力是个体从事任何活动都必须具备的最基本的心理条件，具体包括注意力、观察力、记忆力、思维力、想象力等，其中思维力是智力的支柱和核心。

智力发展正常是大学生适应周围环境、谋求自我发展的心理保证，同时也是他们自我学习最基本的心理条件。国内外学者的多项研究结果表明，智力与学生的学业成绩存在中等程度的正相关。智力不仅影响着学生的学业成就，更重要的是影响学生掌握知识与技能的速度、深度和灵活性，并且在很大程度上决定着学生的准备状态。因此衡量一个大学生自我学习能力时，要充分考虑他们的智力因素是否正常地、充分地发挥了效能，是否具有良好的观察力、记忆力、思维力和想象力，是否乐于学习，能够积极参加学习活动。

一、注意力

心理实验证明，集中注意力阅读两遍课文，比漫不经心地阅读十遍课文的记忆效果要好很多。良好的注意力能保证人们对事物作出更清晰的认识和更准确的反映，是人们获得知识、掌握技能、完成各种智力活动和实际操作的重要心理条件。由此可见，集中注意力在学习过程中发挥着极其重要的作用，是影响大学生自我学习的智力因素之一。

1. 注意力与学习

"注意"是一个古老而又永恒的话题。苏联著名教育家乌申斯基曾精辟地指出:"'注意'是我们心灵的唯一门户,意识中的一切,必然都要经过它才能进来。"注意是指人的心理活动对外界一定事物的指向和集中。具有注意的能力则称为注意力。很多学生都会感慨自己"学习时注意力不集中,容易分心",因此造成学习效率低,学习效能感差。注意与认知过程、情绪情感过程、意志过程密切联系,是一切心理活动的共同特征。自我学习过程中自然也离不开注意的参与。

根据有无目的和意志努力的程度,我们可以把注意分为无意注意、有意注意和有意后注意。

无意注意也称不随意注意,是没有预定目的、不需要意志努力、不由自主地对一定事物所发生的注意。一般来说,强度大的、对比鲜明的、突然出现的、变化运动的、新颖的刺激,自己感兴趣的、觉得有价值的刺激容易引起人们的无意注意。无意注意因为无需意志努力,所以在自我学习中可以减少脑力的消耗,避免身心过度疲劳。但这种注意是自发产生的,人们不可能通过它获得系统的知识和完成艰巨的工作任务。

有意注意也叫随意注意,是有预定目的,需要付出一定意志努力的注意。由于有意注意有预定目的,因此它的产生与维持需要意识的调节与控制。例如,很多人对英语学习没有直接兴趣,学起来觉得枯燥难懂,但意识到学习英语对将来工作有重要意义,因此通常会用意志控制自己的注意,使注意力保持在英语学习的活动上。

有意后注意是指事前有预定目的,但不需要意志努力的注意。这种注意既不同于一般的无意注意,即它是自觉的、有目的的;又不同于一般的有意注意,即它不需要意志的努力(或不需要明显的意志努力)。这种注意兼有两种注意的部分特点,是一种高级状态的注意,它是从事创造性活动的必要条件。大学生要想提高自己的自我学习能力,就应注意培养自己的有意后注意。

2. 注意品质

(1)注意稳定性。注意稳定性是指注意能较长时间地保持在某一活动对象或活动上,这是注意在时间上的特性。注意的稳定性是衡量注意品质的一个重要指标,它在人们的学习、工作中具有重要的意义。大学生进行自我学习须具备稳定的注意力,才能有效获得知识,提高学习效率。可以说,没有稳定的注意力,大学生将难以完成自我学习。当然,人们在注意某一事物时,不可能长时间保持注意稳定,而是间歇性地加强或减弱,注意的这种周期性变化称为注意的起伏现象。长时间的注意起伏(15~20分钟)会导致人们的注意力离开感知对象,因此大学生在自我学习时,应每隔15~20分钟使自己的活动形式发生变化,以使其注意保持相对稳定。

(2)注意的范围。注意的范围是指在同一时间内人的注意所能清楚把握对象的数量,也叫注意广度。注意的范围与注意对象特点、活动任务和个体知识经验有关。一般来说,注意对象的组合越集中,排列越有规律,相互之间能成为有机联系的整体,那么注意的范围就越大;对活动任务越复杂、越需要关注细节的注意过程,注意的广度则会大大缩小;个体知识经验越丰富,物体知觉能力越强,注意的范围就越大。

(3)注意分配。在同一时间内,心理活动指向于不同的对象,同时从事几种不同活动的现象叫注意分配。注意分配是完成复杂活动必不可少的重要条件,例如,自我学习时,一边看书，一边记笔记，一边思考，就属于注意分配。注意分配所从事的几种活动之间应该有内在的联系，且至少有一种活动是个体非常熟练的，甚至已经达到了自动化的程度，从而不需要投入太多注意就可以完成；否则难以实现注意分配。

（4）注意转移。由于任务的变化，主动把注意从一种活动转移到另一种活动上去的现象叫注意转移。个体活动任务不同，注意的活动和对象也在不断发生转换。例如，自我学习中刚刚学了两个小时的英语，现在要学习高数了，注意力也应转移到高数学习中。如果还停留在英语学习的体验中，则不利于高数知识的理解与掌握。注意转移的快慢依赖于原来注意的紧张度。若原来的紧张度很高，则注意的转移就缓慢而困难。例如，上节课老师讲得很精彩，学生都被吸引住了，下一节课已经上课了，但学生依然没有摆脱上节课的影响。此外，注意转移还依赖于新的注意对象的特点。如果新的注意对象比较新颖，符合注意者的需要和兴趣，那么注意的转移就很容易实现。

3．大学生注意品质的培养与开发

注意力在大学生自我学习中具有重要作用，因此，广大学生可以通过以下途径进行自身注意力的培养与开发：

（1）树立明确的学习目标。自觉地目的性是有意注意的主要特征之一。目标对调整、指导大学生的行为有重要意义。在自我学习活动中，为了能够长时间地保持注意，就必须有明确的学习目标以及达到目标的具体步骤。这样，即使面对枯燥的学习任务，也能保持长时间的注意。

（2）养成良好的学习习惯。学习习惯是多方面的，它们对注意力的培养、开发和良好品质的形成具有重要意义。学习习惯的培养主要包括学习态度的形成、学习计划的制订等。大学生在自我学习中应注重良好学习习惯的养成。

（3）正确运用无意注意的规律来进行自我学习。大学生在进行自我学习时，要注意控制无关刺激的干扰，创建良好的学习环境。由于无意注意主要由客观刺激引起，与学习内容有关的活动和事物可以促进自我学习，而与学习内容无关的刺激反而会干扰或分散学习注意力。因此，应尽可能选择或创造有利学习的环境，室内不宜有太多装饰，应保持光线充足，空气清新，避免嘈杂和喧闹。

（4）几种注意交替运用以保持学习的注意力。要使得注意力长期保持，必须交替运用无意注意、有意注意和有意后注意，并使之向有意注意和有意后注意转化。这有赖于大学生对自我学习的合理计划与安排，学习时应采取灵活多变的策略。

（5）良好注意品质的培养也依赖于个人的主观努力。培养广泛而稳定的兴趣有助于注意力的培养，个体感兴趣的活动自然就会积极投入，活动效率也高。加强意志锻炼，自觉克服引起注意分散的各种无关刺激的干扰，培养自己专注工作、善始善终、闹中求静的本领，增强自我控制能力，做自己意志的主人。此外，保持愉快乐观的情绪和稳定的心境，有利于个人注意力的稳定和集中。

二、观察力

观察力是智力的重要组成部分。一切科学实验、新发现、新规律，都是建立在周密、精确的观察基础上的。巴甫洛夫一直把"观察、观察、再观察"作为自己的座右铭，并告诫自己的学生"不学会观察，你永远当不了科学家"。培养大学生的观察力可以帮助他们积累更多的知识经验，提高自我学习能力，从而更好地认识世界、改造世界。

1. 观察力与学习

观察是知觉的特殊形式，它是有预定目的的、有计划的、主动的知觉过程；而观察力就是一种有意识、有目的、有组织的知觉能力。观察力是智力活动的门户和源泉，它是思维力、记忆力、注意力、想象力的基础。如果观察力不强，大学生的自我学习就会很被动。人们通过观察获得大量的感性材料，获得有关事物的鲜明而具体的形象，再经过思维活动的加工、提炼之后，就可以上升到理性认识，从而促进智力发展。

有研究发现，学习成绩不好的学生中存在一个普遍现象，那就是他们大多观察力不强。而观察力较强的孩子，在学习中更能占据优势。他们能快速地把所见情景"提纲挈领"地映入脑海，很快地发现中心内容，并准确把握知识要点。在自我学习中他们能够轻松地掌握重点内容，较少出现因为马虎而看错题意或做错事情。他们能够较快地发现问题，产生了解问题的好奇心和解决问题的欲望，能够抓住事物的本质特征，获得有价值的信息，更具备战胜困难的信心与决心。

著名生物学家达尔文说过："我既没有突出的理解力，也没有过人的机智，只是在观察那些稍纵即逝的事物并对其进行精细观察的能力上，我可在中人之上。"观察力最可贵的品质就是从平常的事物中发现不平常的东西，从表面上貌似无关的现象中发现相似点或是因果关系。人们的观察力发展水平有很大的个体差异。凡是在事业上取得卓越成就的人，如科学家、发明家、作家和画家等，他们的观察力发展水平都比平常人要高。

自我学习中也需要有良好的观察力，这样才能更好地发现问题、分析问题、解决问题。此外，人们在观察力类型上也存在着个体差异，如有的人视觉敏锐，有的人听觉敏锐，有的人嗅觉、味觉发达等。当然这种类型上的差异，并不影响他们都有可能成为观察力高度发展的人。

2. 大学生观察力的培养

个体的观察力并非是与生俱来的，而是在学习中逐渐培养的，在实践中锻炼起来的。良好的观察力主要体现在观察的敏锐性、全面性和准确性三个方面。为了有效进行观察，更好地锻炼观察力，掌握良好的观察方法也是十分必要的。

（1）明确观察任务、制订观察计划。对某一事物进行观察时，首先要明确观察什么，怎样观察，达到什么目的，要做到有的放矢，这样才能把观察的注意力集中到事物的主要方面，以抓住其本质特征。目的性是观察力的最显著特点，有目的的观察才会对自己的观察提出要求，获得一定深度和广度的锻炼。反之，如果东张西望，左顾右盼，对事物熟视无睹，观察力就得不到很好的锻炼和提高。与此同时，在观察前还要对观察的内容做出具体安排，制订周密的计划。如果在观察时毫无计划，就不会有什么实质上的收获。因此观察前就要计划好，先观察什么，后观察什么，按部就班，系统进行，不能漫无目的、走马观花。

（2）激发观察兴趣。个体在观察敏锐性上的差异，常常会导致在对同一件事物进行观察时出现不同的兴趣点，注意到不同事物或同一事物的不同特点。因此，培养浓厚的观察兴趣是培养观察能力的重要前提条件。为了锻炼观察能力，必须培养个体广泛的兴趣，这样才能促使人们积极地进行多样观察。莫泊桑说："必须详细地观察你想要表达的一切东西，时间要长，而且要全神贯注，才能从中发现迄今为止还没有人看到或说过的那个方面。"因此，观察不能半途而废，最好能培养个体的中心兴趣。有了中心兴趣，就会全神贯注地对某一领域进行深入的观察。

（3）培养良好的观察方法。一个良好的观察者必须具备观察事物的技巧，掌握适当的观察方法。观察方法很多，如自然观察法、实验观察法、长期观察法、全面观察法、直接观察法、见解观察法等。观察之前应做好必要的知识准备，一个人的观察总是与自己已有的知识经验联系在一起的。因此在观察过程中，我们必须充分利用自己已有的知识和经验，这不仅有利于观察的顺利进行，同时也有利于观察力的不断提高。同时，还要注意在观察过程中要善辨多思，忌片面观察、不用心思；观察结束后还要作好观察总结，通过总结不仅可以提高观察力，还可以提高言语表达能力和自我学习能力。

（4）培养注重积累观察结果的习惯。观察力贵在培养，重要的是能养成长期观察的良好习惯。大学生可以把观察到的现象和结果写下来，养成积累观察资料的好习惯。俗话说，习惯成自然。无论做什么事，只要能坚持下去，就会取得成功，观察力也是如此。大学生可通过随感法和观察日记法来及时记录观察结果。我国明代著名地理学家徐霞客就是一个善于观察和记录的科学家。徐霞客的足迹遍及大半个中国，最为可贵的是在三十多年的旅行考察中，无论多么疲劳，他都坚持把自己考察的成果记录下来。他写下的游记有二百四十多万字，经过后人整理成书，就是著名的《徐霞客游记》，堪称是一部"奇书"。

三、记忆力

人们在注意、观察的基础上获得了关于客观世界的初步认识，但要使认识深化，提高自我学习能力，就需要摆脱具体事物的限制，获得更多的感性材料并有效储存，以利于思维的加工整理，把握事物的本质。这就要求心理活动有很好的记忆能力。记忆力是我们学习、生活、工作的基础。若没有记忆，那我们每天、每时、每刻都必须面对一个崭新的世界，这将是不可想象且十分可怕的。

1. 记忆与学习

记忆是过去经验在头脑中的反映，也可以说是人脑对过去经验的识记、保持、再认或回忆的心理过程。记忆是人类学习知识的前提，正如柏拉图所说："一切知识不过是记忆而已"，如果没有记忆，任何学习都无法进行。记忆在学习中具有直接作用，是获得和巩固知识的必要条件。

在记忆中，从"记"到"忆"包括识记、保持、再认或回忆三个基本环节，它们是相互联系、相互制约的完整统一过程。识记是记忆过程的开端，是个体获得知识和经验的过程，它具有选择性的特点。保持是指已获得的知识经验在人脑中巩固的过程，它是记忆过程的第二个基本环节。而遗忘是保持的对立面，保持的丧失就意味着遗忘的出现。再认和回忆是记忆过程的第三个基本环节。一般来说，再认比回忆更容易提取信息，能回忆的内容一般都能再认，但能再认的内容却不一定可以回忆。

记忆过程的这三个基本环节相互依存、密切联系。没有识记就谈不上对经验的保持，没有识记和保持就不可能对体验过的事情进行回忆或再认。

2. 记忆规律在学习中的运用

德国著名心理学家艾宾浩斯以无意义音节为材料，依据保持效果，绘制了著名的"遗忘曲线",见图 6-1。这条曲线表明,遗忘在学习之后就立即开始,最初遗忘速度很快,随着时间的推移,遗忘的速度逐渐下降,达到一定程度后就不再遗忘了。由此可见,遗忘的进程是不均衡的,其规律是先快后慢,呈负加速型。

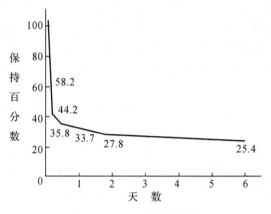

图 6-1　艾宾浩斯遗忘曲线

影响遗忘的因素包括识记材料的性质和数量、识记材料的系列位置、学习的程度和学习者的情绪体验等。大学生在自我学习中,应根据记忆规律及其影响因素,合理组织学习活动,提高学习效率。

(1)明确记忆目的,增强学习的主动性。有目的才会有动力,才会有责任感和主动性。第一,要有长远的记忆目标,自我学习要有清晰可行的计划;第二,记忆的时间目标应准确与明确,以便提高记忆效果;第三,要培养学生直接和间接的学习兴趣和求知欲,增强学生的主动性。

(2)对学习材料进行精细加工,促进知识理解。在自我学习中,为了理解识记的材料,需要对学习材料进行分析,把它的观点、论据以及逻辑标示出来,然后概括并准确地叙述出来。精加工的学习材料如果组织得好,提取时线索多,运用起来也就更容易。同时,在学习中要以意义记忆为主,机械记忆为辅,发挥两种记忆各自的长处,从而提高整个记忆的效果。

(3)运用组块化学习策略,合理组织学习材料。对材料的组块化实际上就是把若干的组块组合成数量更少的、体积更大的组块的心智操作,它能使输入的信息有效进入长时记忆。常见的组织加工方式是类别集群,把一系列项目按一定的类别来记忆。

(4)重视复习方法,防止知识遗忘。掌握合适有效的复习方法,有助于学习效率提升,减少遗忘。根据遗忘规律先快后慢的特点,复习时应做到:第一,复习要及时,最好在学习之后当天就进行复习。第二,合理分配复习时间,在刚学习后,复习的次数要密集一些,时间间隔要短一些。第三,做到分散复习与集中复习、反复阅读与尝试背诵相结合。复习难度小的材料可以适当集中,但复习难度大的材料适宜采用分散复习的方法;复习时反复阅读与尝试背诵相结合,可以及时检查记忆效果,有利于提高复习的针对性。第四,复习方法多样化。单调的复习方法容易使人产生疲劳感和厌倦情绪,会降低复习的记忆效果,因此在进行复习中,方法要灵活多样,充分调动学生多种感官的参与,如"眼看、耳听、口读、手写、脑思"相结合。

3. 大学生记忆力的培养与开发

无论自己的记忆力多好,每位大学生都希望自己的记忆力能再好一点,希望能过目不忘。那么，大学生应如何改善自己的记忆力呢①？

（1）坚信自己一定能记住。很多心理学家都认为，提高记忆力的关键是要有"一定能够记住的信心"。遗忘现象是客观存在的，有"记"必有"忘"，不能因为出现了遗忘，就对自己失去信心。而怀疑自己的记忆力，会抑制脑细胞，降低细胞的活动水平。

（2）复习。复习是增强记忆，克服遗忘的有效途径。通过复习，不仅能强化记忆痕迹，巩固对知识的保持，而且能进一步加深对知识的理解，达到"温故而知新"的效果。而且，根据遗忘规律，复习应在学习之后立即进行，开始时复习的间隔时间要短、频次要高，慢慢地可以加大复习时间间隔、减少复习频次。

（3）结果反馈。有反馈的学习是最好的学习方式。学习时对自我反馈的一个基本方法就是背诵。把一些信息背下来的目的是为了以后能够随时提取，背诵时要做些提取信息的练习。当你读一篇文章或者背一些单词时，应该时不时地合上书，并试着用自己的话把刚才阅读的内容复述出来。实验表明，使用 20％的时间读书，使用 80％的时间背诵可获得最佳的记忆效果。

（4）付诸实践。知识，特别是运动技能的学习，通过实践记忆的效果较好。人们常说，要学会游泳，必须要下水。游泳课是不可能只学理论而不付诸实践的，其他课程也是如此，特别是技术性较强的课程。

同时还应注意科学用脑，劳逸结合；在回忆时可采用策略，提高准确提取信息的成功率。

四、思维力

思维是人类认识的高级阶段，是一种极其复杂的精神活动。它是在感性认识的基础上发展起来的，同时又是感性认识的升华。在学习中，掌握事物的本质和规律，离不开思维的参与。牛顿曾说："思索，持续不断地思索，以待天曙，渐渐地见及光明……如果说我对世界有些微薄贡献的话，那不是由于别的，而是由于我辛勤耐久的思索所致。"从苹果落地这一司空见惯的现象，牛顿发现了地心万有引力定律，的确与他善于思考和思维能力强密切相关。爱因斯坦也曾说："学习知识要善于思考，思考，再思考，我就是靠这个方法成为科学家的。"可见，思维力是自我学习能力中非常重要的智力因素，思维是智慧的开端。

1. 思维与学习

思维是人脑对客观事物间接地、概括的反映。思维是一种更高级、更复杂的心理活动过程，但它还是以感性材料为基础，通过感知材料的加工而获得对事物的规律性认识。思维具有概括性和间接性的特点。例如，人们通过知觉可以感知到各种各样的笔（钢笔、铅笔、圆珠笔、毛笔等），然后通过思维把所有笔的本质属性（写字的工具）概括出来，这体现的就是思维的概括性。再如，早晨出门，发现地面是湿的，于是就会想到"昨夜下雨了"；虽然人们并没有直接感知到下雨，但可以通过地面潮湿这一现象，用间接的方法推断出来。

在论述思维与学习关系时，孔子曾说："学而不思则罔，思而不学则殆。"他要求学生在看、感知、言行、学习、品德诸方面都要善于思考。思维是高级的心理活动形式，一切科学

---

① 王言根. 学会学习——大学生学习引论［M］. 北京：教育科学出版社，2008：69.

理论的形成，必须经过思维这个过程。人脑对信息的处理包括分析、综合、比较、抽象、概括的过程，这些即是思维最基本的过程。分析与综合是思维过程的基本环节，一切思维活动，从简单到复杂，从概念形成到创造性思维，都离不开头脑的分析与综合。比较是重要的思维过程，也是重要的思维方法，有比较才会有鉴别。抽象与概括也是相互依存、相辅相成的，概括的程度越高，思维就越加抽象。

"思维是一种资源，但它不会枯竭，而是越用越丰富。"约翰·布鲁斯如是说。思维力在智力诸因素中起着主导作用，制约着智力结构中的其他因素，贯穿于整个自我学习过程中，是学习者的制胜法宝。

2. 思维的品质

思维品质是指人们在思维过程中所表现出来的各自不同的特点，它实质上是人的思维的个性特征，反映了每个个体智力或思维水平的差异，如敏捷性、灵活性、深刻性、独创性和评判性等。思维的品质一般包括以下几个方面：

（1）思维的深刻性。深刻性是指思维活动的抽象程度和逻辑水平，涉及思维活动的广度、深度和难度。思维的深刻性集中表现为在智力活动中深入思考问题，善于概括归类，逻辑抽象性强，善于抓住事物的本质和规律，开展系统的理解活动，善于预见事物的发展进程。一般，超常智力的人抽象概括能力高，而低常智力的人往往只是停留在直观水平上。

（2）思维的灵活性。灵活性是指思维活动的灵活程度，善于根据具体情况的需要和变化，及时提出符合实际的解决问题的新方案。灵活性反映了智力的"迁移"，如我们平时说的"举一反三""运用自如"等。灵活性强的人，智力方向灵活，善于从不同的角度与方面来思考问题，能较全面地思考、分析问题，解决问题。

（3）思维的独创性。独创性即思维活动的创造性。在实践中，除善于发现问题、思考问题外，更重要的是要创造性地解决问题。社会发展，科学进步，个人学习都离不开思维的独创性品质。独创性源于个体对知识经验或思维材料高度概括后集中而系统的迁移，进行新颖的组合分析，找出新异的层次和交结点。一般来说，概括性越高，知识系统性越强，伸缩性越大，迁移性越灵活，注意力越集中，则思维的独创性就越突出。

（4）思维的批判性。批判性是思维活动中独立发现和批判的程度。思维的批判性品质，来自于对思维活动各个环节、各个方面进行调整、校正的自我意识。正是有了批判性，人类才能够对思维本身加以自我认识，从而认识、改造客观世界。自我学习中也需要有评判性，不能人云亦云、不加思考地接受所有知识，"尽信书则不如无书"说的就是这样道理。

（5）思维的敏捷性。敏捷性是指思维活动的速度，它反映了智力的敏锐程度。有了思维敏捷性，在处理问题和解决问题的过程中，能够适应变化的情况来积极地思考，周密地考虑，正确地判断和迅速地作出结论。比如，学习中有的人在思考问题时敏捷，反应速度快；有的人迟钝，反应缓慢。

3. 大学生思维力的培养与开发

思维力的提高是大学生智力培养的关键，也是自我学习的重要影响因素，那么，如何提高思维力呢？

（1）不断丰富知识和经验。渊博的知识可为大学生在思维及其思维能力上的全面发展奠定客观基础。如果懒于学习，不善于思考，其思维就不会广阔，只会越来越窄。所以要勤学多想，思维力才能得到开拓，才能更好地提高自我学习的质量。

（2）通过科学的思维方法对思维的各种品质进行训练。通过一些方法的训练，如常识错误法、手段—目的分析法、爬山法、逆推法等，可以提高大学生对信息的选择和建构能力，提高思维水平。

（3）多参加实践活动。实践出真知，一切问题归根结底是在实践中产生的。一般来说，只有在实践中才能发现问题，也只有在实践中才能解决问题。只有参加实践，并把理论运用于实践中，思维力才能得到培养和提高。

五、想象力

达·芬奇说："给我一双想象的翅膀，让我放飞理想。"想象力是人类创新的源泉。想象力的魅力就在于它可以将人们带入一个虚拟世界，实现在现实生活中不可能实现的梦想。我们首先要心中有梦，富有想象力，才能创造更多价值，达到自我实现，正如人们常说的"心有多大，舞台就有多大。"

1. 想象力与学习

想象是人脑对已储存表象进行加工改造，形成新形象的心理过程。想象力即是个体在头脑中创造新形象（或是一个念头、一种思想）的能力，它能突破时间和空间的束缚，达到"思接千载""神通万里"的境域。

爱因斯坦对想象力极为推崇，他曾说过，"想象力比知识更重要，因为知识是有限的，而想象力概括这世界上的一切，并推动着世界进步。"想象力在人们的生产实践和学习中起着巨大的作用。首先，想象具有补充知识经验的作用，例如，由于时代久远或空间遥远，原始社会的生活场景、浩瀚星空的运行变迁等都是人们无法感知的，但却可以通过想象弥补这些知识经验的不足。其次，想象具有超前认识的作用，它能预见活动的结果，指导人们学习的方向。最后，想象具有代替作用，当人们的某种需要不能得到实际满足的时候，可以利用想象得到满足或实现。

想象来源于生活，想象又创造了生活。想象具有现实性、丰富性、独创性和生动性四个特点。在自我学习中，丰富的想象力可以使得学习者头脑中储存的表象日渐丰富，再造想象不断完善，创造想象也得以极大发展。即使每天奔波劳累、为生活琐事所困扰，依然可以做到借助想象的翅膀流连山水之间，尽情享受与放松，为今后的自我学习打下良好的心理基础。

2. 想象力的培养

想象力在大学生的自我学习中起着重要的作用，它不是生来就有的先天素质，而是后天开拓的结果，它是完全能够培养的一种能力。那么该如何培养他们的想象力呢？其实，想象力的培养只要愿意，可以随时随地地开展。

（1）保持一颗探索的心。探索的欲望越强烈，头脑里的问题就越多，答案也就越多。想象力在对问题的探索中得到发展。就像巴尔扎克在作品中写的那样："想象创造生活，一个善于想象的人周围时刻充满着机遇。"所以要永远保持好奇、探索之心。

（2）丰富生活经验和表象储备。想象是在大量的生活经验基础上积累起来的，没有丰富的生活经验，就难以想象出新颖、独特的新形象。而表象是想象的基础，正是依靠表象的积累，想象才能得以深化发展。高尔基在谈到艺术形象的创作时曾说："主人公的性格是由他们的社会集团和各种不同的人们的许多个别小特征所构成的，为了能近乎真实地描写一个工人、和尚、小商人的形象，就必须去观察100个其他的工人、和尚和小商人。"因此，为培养大学生的想象力，要引导他们积累丰富的的生活经验，多动脑筋思考，鼓励他们走出校门，走向大自然，与社会多接触，目的就是让大学生有机会丰富生活经验，在头脑中留下更多的表象，为想象的深度发展打下良好基础。

（3）创设合适的学习环境，鼓励大学生大胆想象、勇于表达自己的想象。除了多与社会接触之外，还要营造一个良好的学习环境，促进大学生想象力的发展。学习时，要多问几个为什么，如同下棋一样，在落子之前尽可能地在头脑中多考虑几步，尽量多地考虑一些变化，设想自己是对方的话会怎么下，如果对方这么下的话，我又该如何对付，如此多想几个来回。这些都可以帮助大学生促进想象力发展。鼓励学生大胆地想，鼓励他们打破常规，不要被现实中的条条框框所束缚，同时还应鼓励他们大胆地说出来，产生奇妙的火花。

（4）注意想象的合理性，培养积极的幻想。丰富的想象力并不意味着肆无忌惮，任性而为，它也需要受到合理性的制约。根据幻想的社会价值和有无实现的可能性，幻想分为积极幻想和消极幻想。积极幻想是符合事物发展规律，并具有一定的社会价值和实现可能的幻想，如青少年幻想将来成为教育家、科学家、艺术家等，这符合社会发展规律，经过个人努力将来可能会实现。而消极幻想是完全脱离客观现实的发展规律、毫无实现可能的幻想，如有人幻想长生不老，到处寻找灵丹妙药；有的学生成天沉迷网络玄幻小说，想修炼成仙等，这些都是不切实际的不可能实现的想法。大学生应把积极幻想和现实结合起来，并投入实际行动中，以免幻想变成脱离现实、永远不能实现的空想。

上述五个因素在智力结构中是缺一不可的，共同组成一个有机整体。培养和开发自我学习活动中的智力因素须有明确的目的，有针对性，统筹兼顾，全面提高。任何片面地只注重某一方面能力的发展，而忽视其他因素的培养和提高是不可取的，甚至会影响整体的自我学习水平的提高[①]。

6.2 能力故事

一、学奕

弈秋，通国之善弈者也。使弈秋诲二人弈，其一人专心致志，惟弈秋之为听；一人虽听之，一心以为有鸿鹄将至，思援弓缴而射之。虽与之俱学，弗若之矣。为是其智弗若与？吾曰：非然也。（出自《孟子·告子》）

译文：弈秋是全国最会下棋的人。让他教两个人下棋，其中一人一心一意只听弈秋的教导；另一个人虽然在听，可心里却想着有天鹅飞来，拿弓箭去射它。两个人虽然在一起学习，第二个人的成绩却不如第一个人。难道他的智力不如另一个人吗？回答说：不是这样的。

---

① 王言根. 学会学习——大学生学习引论[M]. 北京：教育科学出版社，2008：71.

思考与讨论

（1）为什么这两个学弈的人棋术进展不一？

（2）你在自我学习时，能否做到集中注意力，不受其他因素干扰？

二、杜鹃的秘密

杜鹃，又名布谷鸟，食虫益鸟，给人们留下了很好的印象。但是，杜鹃却有一个大秘密，有着一段"不光彩的童年"。

詹纳是英国的一位乡村医生，他对研究动物的生活习性很感兴趣，通过仔细观察，记录了各种鸟做巢的秘密。但是他听说杜鹃鸟从不自己做巢，而是在别的鸟巢中下蛋，由别的鸟喂养自己的子女，并且母杜鹃还将养父母的亲生孩子残忍地撵走，以保证自己的子女健康长大，于是詹纳便决心对杜鹃的习性进行亲自观察。

他发现，杜鹃确实在别的鸟巢中下蛋，有篱雀的、知更鸟的、篱莺的、鹡鸰的……并由这些巢主代喂其子女。与此同时，他也发现了一个可怕的现象：鹡鸰夫妇都出去打食了，窝里的鹡鸰幼鸟也全都睡着了，这时杜鹃幼鸟开始活动起来。它低下大脑袋，抵着窝底，颤颤巍巍地叉开两腿，开始往后退，退呀退呀，它的屁股拱到了窝里的一只幼鸟，就把屁股往那只幼鸟的身子底下拱，又把两只光秃秃的翅膀向后弯，向后夹，终于连拱带夹地把那只鹡鸰幼鸟挪到自己背上凹下去的地方，然后吃力使劲地往窝边挪动，一直挪到窝边，再用脑袋和两只脚掌撑着窝底，费力把身子往上抬，越抬越高，再猛地一使劲，屁股一掀，就把背上的鸟甩到窝外面去了。

杜鹃的秘密终于揭开了——杜鹃不做窝，不孵蛋，也不喂养幼鸟，而且幼鸟还无情地对待养父母的子女！

英国皇家学会的博物学家们无论如何不相信刚孵出来的杜鹃能将窝里的其他小鸟拱出去。詹纳继续观察，并设计了观察情境，收集了大量照片等资料，使人相信了上述事实[①]。

思考与讨论

（1）詹纳观察杜鹃幼鸟将鹡鸰幼鸟拱出窝外的细节非常详细，他都用到了哪些观察方法和技巧？

（2）学习和生活中，你是一个观察敏锐、细致的人吗？

（3）本案例给你什么启示？你将如何提高自己的观察力？

三、记忆的目的应明确

有这样一个故事：

一个人以自己非凡的记忆力而自负，见人总是吹嘘自己的记忆力如何如何地好。有一次，他碰到一个老人，老人听了他的自吹自擂之后说："我出个计算题你算一下，如何？"那个人很爽快地答应了，于是老人慢慢吞吞地说："在一个电车里原来有 16 个人，后来上来 2

---

① 姜越. 学习力：在学习中提升正能量[M]. 北京：中央编译出版社，2013.

个人，下去 3 个人，又上来 3 个人，下去 5 个人，又上来 6 个人，下去 4 个人，又上来 7 个人，下去 4 个人，又上来 5 个人，下去 1 个人，请问电车总共停了几次？"当时那个人就目瞪口呆了①。

思考与讨论

（1）故事中的那个人为什么会目瞪口呆答不上来呢？

（2）有人在记忆时并不知道自己记住这些东西有什么用，为什么要记忆，因此经常会一合上书就什么都忘了。你出现过这种情况吗？应该怎么改变？

（3）根据故事谈一谈应该如何提高自己的记忆力？

四、你用什么时间来思考呢

卢瑟福是个大科学家，一次，他走进实验室看到一个学生伏案工作，便走过去亲切地问："这么晚了，你还在做什么？"学生回答："我在工作。"卢瑟福又问："那你白天做什么呢？"学生道："我在工作呀！"卢瑟福又进一步问："那么你早晨也工作吗？"学生自豪地仰起脖子说："是的，教授，早上我也工作。"卢瑟福迟疑了一下说："那么这样一来，你哪有时间来思考呢②？"

思考与讨论

（1）卢瑟福的几次追问有什么深意？你从中获得哪些启发？

（2）请结合本案例和你自身情况谈一下思维力与学习的关系。

五、踏花归去马蹄香

北宋皇帝徽宗赵佶喜欢绘画，是一个善画花鸟的画家。他绘画特别注意构图的立意和意境，所以在朝廷考试画家的时候常常以诗句为题，让应考的画家按题作画，择优录取。

有一次，朝廷决定考试天下的画家。诏命一下去，各地的画家都纷纷来到京城。到了考试那天，主考官出的题目是"踏花归去马蹄香"，让画家按这句诗作一幅画，把诗句的内容体现出来。

开始，画家们个个都面面相觑一筹莫展。过了一会儿，便先后动起笔来。有的画家绞尽脑汁，在"踏花"二字上下工夫，在画面上画了许多的花瓣儿，一个人骑着马在花瓣儿上行走，表现出游春的意思；有的画家煞费苦心，在"马"字上下工夫，画面上的主体是一位跃马扬鞭的少年，在黄昏时急速归来；有的画家用心良苦，在"蹄"字上下工夫，在画面上画了一只大大的马蹄子，特别醒目。只有一位画家独具匠心，他不是单纯着眼于诗句中的个别词，而是在全面体会诗句含义的基础上着重表现诗句末尾的"香"字。他的画面是：在一个夏天的落日近黄昏的时刻，一个官人骑着马回归乡里，马儿疾驰，马蹄高抬，几只蝴蝶追逐着马蹄翩翩飞舞。

---

① 陈晶，黄艳萍. 大学生学习管理与辅导[M]. 北京：北京师范大学出版社，2010.

② 姜越. 学习力：在学习中提升正能量[M]. 北京：中央编译出版社，2013.

考卷交上来以后，主考官一幅一幅地审看。看了一张不满意，放在一边；又看了一张还是不满意，又放在了一边……看见"蝴蝶追逐马蹄蹁跹起舞"这一幅时，他脸上才展开了笑容，连声称赞："好极了！好极了!"，于是选中了这一幅[①]。

思考与讨论

（1）为什么这幅"蝴蝶追逐马蹄蹁跹起舞"是最能体现"踏花归去马蹄香"题意的画作？

（2）请结合本故事谈一谈想象力的作用。

（3）你打算在自我学习中如何培养自己的想象力？

六、找到遗失在谷仓里的名表

从前有位地主巡视谷仓时，不慎将一只名表遗失，因遍寻不获，便定下赏金，要农场上的小孩帮忙寻找，谁能找到手表，奖金500美元。众小孩在重赏之下，无不卖力搜寻，奈何谷仓内到处都是成堆的谷粒和稻草，大家忙到太阳下山仍无所获，结果一个接着一个地都放弃了。

只有一个贫穷的小孩，为了那笔巨额奖金，仍不死心地寻找。当天色渐黑，众人离去，杂乱的人声静下来之后，他突然听到一个奇怪的声音。那声音"滴答、滴答"不停地响着，小孩立刻停下所有的动作，谷仓内更安静了，滴答声也响得更为清晰。小孩循着声音，终于在诺大漆黑的谷仓中找到了那只名贵的手表[②]。

思考与讨论

（1）故事中的小孩是如何找到遗失在谷仓里的名表的？

（2）为什么一开始大家找不到这块表？

（3）当你遇到事情时，是否能沉静下来去思考，然后再作出判断和行动？

6.3　能　力　训　练

一、舒尔特方格

舒尔特方格是在一张方形卡片上画上 1 cm×1 cm 的 25 个方格，格子内任意填写上阿拉伯数字 1～25 共 25 个数字，如图 6-2 所示。舒尔特方格已有 50 多年的历史，是世界范围内和历史上最简单的注意力测量工具和训练方法，已成功应用于各种需要高度注意力的领域。它使人类从中受益，特别是体育和航空航天领域。

测量要求：环境安静，聚精会神，越快越好。

测量方法：秒表计时，训练时，要求被测者用手指按 1～25 的顺序依次指出其位置，同时诵读出声，施测者一旁记录所用时间。数完 25 个数字所用时间越短，注意力水平越高。

————————

① http://www.mofangge.com/html/qDetail/01/x6/201108/sdipx60130475.html.

② http://www.mofangge.com/html/qDetail/01/g3/201408/wf2lg301216834.html.

测量注意：反复测量会对表格形成记忆，结果会失准。

测量结果：

以 7～12 岁年龄组为例，能达到 26 秒以上为优秀，学习成绩应是名列前茅；

42 秒属于中等水平，班级排名会在中游或偏下；50 秒则问题较大，考试会出现不及格现象。

18 岁及以上成年人最好可达到 8 秒的水平，25 秒为中等水平。

22	13	25	1	9
6	2	20	18	5
11	17	8	14	12
24	4	19	3	7
10	23	15	21	16

8	22	15	24	6
16	19	1	11	3
23	21	4	13	17
5	12	9	7	20
14	18	2	25	10

6	20	10	21	2
23	13	4	19	16
1	17	24	8	11
25	9	22	14	5
15	12	18	3	7

11	20	5	14	19
16	23	7	17	9
10	4	15	12	3
22	1	25	18	21
8	24	6	13	2

图 6-2　舒尔特方格

二、福尔摩斯观察力训练

人数：10 人左右

目的：向大家展示怎样才能称得上是具有观察力的人。

步骤：

(1) 让同学两两结对儿。

(2) 每人仔细观看自己的搭档一分钟。

(3) 一分钟后，彼此转过脸去，再不能看自己的搭档。

(4) 每人做 7 处以上的外观改变，改变可以是细微的，也可以一目了然。

(5) 让搭档们再次相互观察，依次说出对方都做了哪些改变。

(6) 总结与分享：

① 搭档的这些变化你都观察到了吗？为什么？

② 生活中你是一个细心的人吗？你是否会第一时间观察到身边同学的变化？

③ 你打算如何提高自己的观察力？

总结：

一切科学实验、新发现、新规律，都是建立在周密、精确的观察基础上的。巴甫洛夫一直把"观察、观察、再观察"作为自己的座右铭，并告诫自己的学生"不学会观察，你永远当不了科学家"。观察力是可以培养的，但观察力是建立在知识储备上的。若没有丰富的知识储备，自然就谈不上什么敏锐的观察力。福尔摩斯在二十几岁时就以其超强的推理能力和惊人的观察力而出名，他的知识储备非常丰富，是数十位教授知识量的累加，并且能融会贯通。大学生要想培养自己的观察力，就需要从身边细节开始，大胆假设，细心求证。

三、测测你的想象力

根据下列句子所描述的情形，想一想自己是怎样的，不要再三揣摩题目的答案，因为没有正确答案，只有最符合自己的情形。

1. 你是不是经常幻想自己想知道的事情。
2. 你是不是经常想象自己的未来？
3. 当你与别人争执的时候，你是否会想象对方是怎样思考的？
4. 每当你看到一个新的事物，你是否会觉得它与你知道的某些东西有相似的地方？
5. 当你来到一个新的地方，你是否会想象自己居住在这里的情景？
6. 当你要与父母讨论一件事情的时候，你是否会先想好父母可能想到的几种想法？
7. 你是否经常会有好的想法得到老师父母的夸奖？
8. 你是否经常会做出一些新颖的举动吸引同学们的眼光？
9. 每次出去玩的时候，你是否更喜欢选择不同的地方？
10. 你看到感人的电视画面的时候会哭吗？
11. 听鬼故事的时候，你会不会毛骨悚然？
12. 当你受到批评时，你是不是觉得自己做事总是不对的？
13. 看小说的时候，你是不是会把自己想象成故事中的某个人？
14. 和同学一起出去玩的时候，你是不是经常会有好主意？
15. 你幻想的时候是不是经常有故事情节？
16. 当你向别人讲起自己的某个经历时，会不会故意夸大其词，以便吸引别人的注意力？
17. 看《卖火柴的小女孩》时，你是不是觉得小女孩应该有更好的结局？
18. 在与一个陌生人交谈之前，你能想象自己可能会怎样与他交谈吗？
19. 当老师沉着脸走进课堂时，你能想象到老师为什么会这样吗？
20. 爸爸很晚还没回家，你是否会想象爸爸可能在做什么？
21. 你喜欢玩拼图吗？
22. 你喜欢想一些不会在自己身上发生的事情吗？
23. 你喜欢想象自己有一天成为心目中的人物吗？
24. 你会自己把歌词改成自己喜欢的词吗？
25. 你是不是经常会回想别人与你聊过的事情？

评分标准：

答"是"记 1 分，答"否"不记分。

如果你的得分在 0～8 分，这说明你的想象力不太好，你似乎一点也不能进入想象的世界，是一个比较实际的人；

如果你的得分在 9～17 分，说明你的有一定的想象力，你能够站在别人的立场上去思考问题，但是你却经常把想象认为是一种空想，尽力想要避免想象；

如果你的得分在 18 分以上，说明你的想象力非常出色，具有一定的艺术天赋，但是，有时候容易想象过于丰富，从而导致对外界事物过于敏感。

拓展阅读：智慧学习

曾几何时，我们渴望辉煌与成功，富于憧憬与幻想；曾几何时，在众说纷纭中彷徨，缺一双飞离困惑的翅膀。别灰心，别气馁，智慧地去学习，破解人生的难题，如一道月光穿破迷惘，陪你到天亮。

学习本应不是墨守成规，而是去不断思考与领悟，闪耀人性地光辉，彰显人生大智慧。

一条幽径，一株古藤，为学之路上季羡林老先生能以一颗智慧的心去观察注意到一个弱小的生命并为之思考人生，反思自己，化为自己一份无法释怀的过错，这也恰恰体现出季老人格、品性境界之高尚。

学习从来就不是刻舟求剑、一成不变的，学习是一种智慧，真正懂得学习的人能将有限的生命拉长、拓宽、积厚，甚至以一种超越时空的姿态永存于历史。学习有境界之高低，学习之大境界是智慧的，能自由撷取生命中的丰美而不为其所累。在学习之路上懵懵懂懂寻不到正确的方向时，不妨问一问自己，我智慧地学习了吗？

学习的征途上，细心观察，敢于质疑，勇敢实践，不断地去升华人生成就。

钱伟长，一颗赤子之心，毅然回国，在从事物理学的研究中从不马虎，细心观察每个公式，智慧学习，书写共和国科技事业光辉篇章；巴金，被誉为"中国良心"的他，在写作生涯中不断质疑，并亲身去实践，于《随想录》一书中反思自己，社会与国家，人生得以升华……

古今能成大事者，往往能在各种各样的学习方式中、丰富多彩的学习内容中，以智慧的眼光去选择。凡是智慧学习的人往往能以自己的思维、独特的见解去理解知识、消化知识，而不是一味地囫囵吞枣、死搬硬套，因而学习能事半功倍。同样，智慧学习的人，其思想高度不再是以自己为中心，而加于整个社会、国家，乃至世界。于学习中，品尝人间百态，并反思自己的言行，悲天悯人，由此，人性得以升华。

学习的过程中，注重反思，总结教训和经验，勇往直前，领悟一种人生真谛。

"学而不思则罔，思而不学则殆"孔老夫子一言道出学习之真谛。学与思往往是一起的。当然智慧的学习方式很多，智慧学习，能从学中收获快乐与幸福，领悟一种人生。

踏一路金花风雨，摇一路声声驼铃，采一路兰芷芳菲，唱一路欢歌不断。茫茫学海，勤奋作帆，智慧作舟，泛舟于上。智慧地去学习，向人生新的希望迈进[①]。

课 后 练 习

1. 假如你现在看到一位路边的行人，恰好你也有充分的时间观察他/她，那么在充分的时间内，你能观察到哪些信息？你能做到心细如发、观察准确吗？

---

① 曾东明，智慧学习. http://abc.wm23.com/GUGU/175138.html.

① 他/她的衣着打扮包括饰品：你可以快速而准确地分析出他的衣着鞋帽的品牌、质地、产地、价格吗？你可以分辨出眼镜、首饰、提包的同样信息吗？从这些东西的新旧程度、磨损和使用痕迹上，你又能推断出什么呢？

② 他/她拿起手机和人通话了：你可以准确分辨出手机的型号、产地、出产时间和价格吗？你能从他的口音中推断出他的成长地点和环境吗？你能从他的措词和语气推断出他的受教育程度吗？你能从神态和语调中推断出通话对象和观察对象之间的关系吗？

③ 他/她在通话中(你并非有意窃听)：提到了他马上要去的地方，那个地方距离本地有多远，他会选择怎样的交通方式呢？这个时间去这个地方，这个地点有什么著名的办公、用餐、娱乐或者居住场所呢？这些场所代表怎样的消费观念和社交环境呢？

④ 他/他的鞋子上沾有一些干燥的泥巴：你能据颜色分辨出这是来自什么地方的泥土吗？这代表着最近这几天中天气变化的时候他曾经到过什么地方吗？

⑤ 他/她的气色也许不太好，体形或者肢体有些不正常的样子：你可以根据种种蛛丝马迹推断出他曾患/正在患有什么样的急慢性病吗？病因是什么？和遗传史有什么关系吗？还是这些不正常可能是因为什么原因造成的(先天遗传或后天意外)？

⑥ 他/她掏出香烟和打火机了：你能分辨香烟的类型、品牌、产地、价格吗，打火机呢？从他/她吸烟的方式、手型、点烟的方法能看出什么呢？

⑦ 他/她的随身包中露出了一份文字材料(你并非有意窥探)：你能从看到的只言片语中(含有某些特定术语)分析出这份文档的性质、内容或类型吗？相应的工作领域是怎样的？这个领域的人应该有怎样的工作习惯和共同特征呢？

提示：培养良好的观察力就从身边生活细节开始，观察力是建立在丰富的知识储备基础上的。

2. 你在自我学习中是否会分心，你是如何应对的？

3. 请根据自己的智力特点，谈一谈如何提高自己的自我学习能力。

4. 用三分钟的时间，将下面5组词用想象的方法连在一起进行记忆。

老鹰——机场轮胎——香肠长江——武汉

闹钟——书包扫帚——玻璃黄河——牡丹

汽车——大树白菜——鸡蛋月亮——猴子

火车——高山鸡毛——钢笔轮船——馒头

马车——毛驴楼梯——花盆太阳——番茄

5. 打开收音机，把音量调到最小，直至刚刚能听清楚时，认真听3分钟之后再回忆听到的内容。

6. 盯住一张画，然后闭上眼睛，回忆画面内容，尽量做到完整，例如，画中的人物、衣着、桌椅及各种摆设。回忆后睁开眼睛再看一下原画，如不完整，再重新回忆一遍。

任务 7　自我学习的非智力因素

攀登科学高峰，就像运动员攀登珠穆朗玛峰一样，要克服无数艰难险阻，懦夫和懒汉是不可能享受到胜利的喜悦和幸福的。

——陈景润

训练目标

（1）了解有哪些非智力因素会影响自我学习；
（2）能正确分析、评价自我学习中的非智力因素；
（3）掌握培养良好学习动机、兴趣、情感、意志和性格，促进自我学习的方法；
（4）了解自我学习中智力因素和非智力因素之间的关系。

7.1　能力基础

较强的学习能力是学习者成功有效地进行自我学习所必须具备的，但是学习者具备了这些能力就一定能够很好地进行自我学习吗？这可不一定。

如果学习者本身的确具备了良好的注意力、观察力、记忆力、思维力和想象力等智力因素，习得了所需要的种种学习方法和技能，但是对学习不感兴趣，或因情绪、性格问题没能感知到自己的这种能力，甚至对自己是否具备这种能力充满了怀疑，完全的不自信，那么，自我学习同样会难以为继。因此，除了智力因素之外，学习者自身的非智力因素也会影响到自我学习的有效展开。

非智力因素是指影响智力发展的意向性心理因素，主要包括动机、兴趣、情感、意志、性格等个性心理倾向。它们对自我学习起着重要的导向、动力、调控、补偿等作用①。

一、动机

人类一切有目的的行为都是在某种动力推动下完成的，就像是登山爱好者努力攀登一座座高山，这既不是他们的职业，也并非源自生存需要，那么推动他们克服困难的动力到底是什么呢？这种内在动力无法直接观察到，只能根据人们的行为间接推知。自我学习也是如此，学习动机可以帮助人们用来解释隐藏在人们行为背后的推动学习活动的内在动力。

---

① 王言根. 学会学习——大学生学习引论[M]. 北京：教育科学出版社，2008：72.

1. 动机与学习

动机是在需要刺激下直接推动个体进行活动的内部动力；学习动机则是引发和维持个体学习活动，并将学习活动指向一定学习目标的动力机制。动机使个体的活动具有选择性，是行为的直接原因。若大学生的行为与其学习动机一致，则行为总是在动机的指引下向着学习目标前进而放弃其他方向。学习动机越强烈，个体的行为目标也就越明确。

动机对学习行为起着决定性的作用。心理学家认为，一个人的学习成绩主要受两个方面因素的影响：智力和动机。用公式表示：学习成绩＝智力×动机。那么，动机是如何影响学习成绩的呢？

（1）引发学习行为。求知欲望是学习活动的源泉和动力。只有当求知需要活跃起来，成为动机时，才能引发学习行为。例如，饥饿状态下，人们对食物特别敏感，易引起觅食行为；谦虚好学的人，对不熟悉的、新鲜的事物，乐于向他人请教。但是，当求知需要处于静止状态时，它就不能导致学习活动的产生。因此我们应注意启发、引导大学生的学习动机，促使他们学习行为的出现。

（2）维持和调节学习的强度。动机对学习强度的调节表现在以下三个方面：

第一，动机强烈时，学习强度大，热情高、干劲足。动机不强时，学习强度小，情绪低落、自暴自弃。

第二，学习目标一旦确定，学习动机便成为支配学习行为的力量。只要目标不改，动机则始终都维护着学习行为的顺利进行。

第三，当学习者认为学习目标对自己失去意义时，其学习动机便消失，这时，其学习行为也将立即终止。

（3）学习动机指引学习活动朝着一定方向进行。学习动机能指导学习行为的方向。例如，在成就感动机支配下，人们可以放弃舒适的生活条件而去艰苦的地方工作。再如，某一学生想当作家，那么他就会大量阅读中外名著、赏析影视作品，研究其题材布局、语言运用、形象塑造、写作方法和技巧等，还会经常练笔、投稿等，总之，他的活动会朝着成为作家这一方向前进。

当然在具体活动中，动机的功能表现是很复杂的。其一，不同的动机可能导致同一行为，例如，几个学生都努力学习高数，但有的是想当数学家，有的是为了当工程师，有的是为了考研；其二，同一动机也可能导致不同的行为，例如，几个人都想发家致富，但行为却不同，有的去劳动致富，有的去坑蒙拐骗，有的指望继承父母遗产等。

2. 动机强度与工作效率的关系

美国心理学家奥苏泊尔说："动机与学习的关系是典型的相辅相成的关系，绝非一种单向性的关系。"有时，学习行为对动机也有反作用，而且在学习或工作中我们或许还会发现这样的现象，面对重要考试或工作任务，我们越是想表现得好一些，结果却往往不尽如人意。为什么会这样呢？难道不是学习动机越强，学习成绩就越好吗？

心理学家耶克斯（R. M. Yerkes）与多德森（J. D. Dodson）经实验研究归纳出一种法则，用来解释心理压力、工作难度与作业成绩三者之间的关系。他们认为，动机强度与工作效率之间的关系不是一种线性关系，而是倒 U 形曲线关系，见图 7-1。各种活动都存在一个最佳的动机水平，动机的最佳水平随任务性质的不同而不同。中等强度的动机最有利于任务的完成。在难度较大的任务中，较低的动机水平有利于任务的完成。这一法则即是著名的耶克斯-多德森定律。

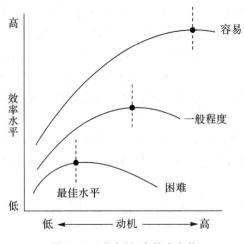

图 7-1　耶克斯-多德森定律

3. 大学生学习动机的培养

良好的学习动力，首先来自于良好的学习动机。在大学生自我学习中培养学生学习的内在动力，这对一个人的一生都具有积极意义。

（1）合理设置自我学习的目标。自我学习是为了个人成长，大学生更喜欢那些能真正锻炼自己能力，提高自己技能的任务，因此应该设立正确的自我认可的能力增长型学习目标。这样，就可以解决学习、工作中的实际问题，这对个人成长是非常有益的。同时，还应对积极的学习行为及时进行反馈指导，形成学习行为的推动力量。

（2）激发自己的求知欲和学习动机。大学生在学习中面临任务或困难时，就会感到自己的不足，产生探究新知识、加深已有知识的认知倾向，渐渐地这种认知倾向就会转化为内在的求知欲。强烈的求知欲，能够激发出学习者对知识的渴求，使之产生对学习的浓厚兴趣与爱好。激发和培养大学生的学习动机，对改善大学生学习动力不足的现状具有重要的作用。同时，学习动机有高尚和低级之分，高尚的动机与社会责任感紧密联系，如为了祖国强大而学习；低级动机同低层次需要相联系，如为了追求个人享受而学习。树立崇高的动机对学习具有特别重要的意义。高尔基说："一个人追求的目标越高，他的才能就发展得越快，对社会就越有益，我确信这也是一个真理。"因此，应引导大学生树立高尚的学习动机。

（3）引导大学生对成败正确归因，对结果持乐观态度。心理学家韦纳认为，一般人们会把自己的成功或失败归结为个人能力、努力程度、任务难度、运气、他人的帮助、情绪和环境等多个因素。归因理论研究发现，个体对成功或失败的归因分析广泛影响着他们以后的行为动机。不同的归因方式，对个体产生的效应也不相同。要引导大学生进行积极正确的归因，建立"努力导致成功"的归因方式。例如，对学习失败的青年，一定令其意识到失败是努力不足导致的，绝不是能力不强或运气不佳造成的，这样才有利于其内在动机的培养。对学生进行恰当的归因训练，因势利导，有助于学生形成良好的自我学习动机。

（4）发挥好榜样和竞争者的作用。自我学习者可以把身边的优秀学生作为自己的榜样，主动学习他们敢于冒险、不怕失败等优良品质，激励自己不断进步、不断完善自己，激发自我学习的动力。还可以为自己寻找一个合适的竞争者，有竞争才会有危机感，才会更加主动地去学习。但需要注意的是，这个竞争者能力不能太强，也不能太弱，不然不仅起不到促进作用，或许还会适得其反。

（5）提供成功机会，增强自我效能感。要为学生创造成功的机会，从个体经验来看，体验到成功会增强自我效能感，自我效能感较高的人更自信、更具成功的信念，而这种成功的预期和信念在自我学习中会产生神奇的效果。

二、兴趣

如果我们把兴趣、财富、幸福、荣誉、成功比作人生的五把钥匙，只有兴趣是我们最早必须带上的，因为有了兴趣，就更容易找到人生其他四把钥匙。

1. 兴趣与学习

有人说，兴趣是最好的老师。兴趣对一个人的学习具有巨大的推动作用，它能让学习变得更加快乐。每个人都会对他感兴趣的事物给予优先注意和积极探索，并表现出心驰神往，产生莫名其妙的兴奋和满足感。例如，对学习感兴趣的人，上课会认真听讲，积极思考，课下会主动查阅资料，力求融会贯通、学以致用；对美术感兴趣的人，会认真欣赏各种油画、国画，积极参加美术展、摄影展等，对优秀的作品进行收藏和模仿等。学习感兴趣的知识，就会体验到快乐；有了学习兴趣，就能减轻学习压力，即使学习很艰苦也会乐在其中，并坚持不懈地持续下去。

总体上说，兴趣对自我学习的作用主要表现在以下两个方面：

一是兴趣可以激发自我学习的热情。孔子曾说过："知之者不如好之者，好之者不如乐之者。"兴趣对自我学习的影响是非常明显的。只有带着强烈的兴趣去学习，才能取得更好的学习效果。有了兴趣，对事物关注的时间自然就会延长，变得积极主动地去学习，乐于学习。同时，兴趣还可以帮助学习者积极应对各种纷繁复杂的环境，开阔视野，丰富精神生活内容，从而推动人们积极活动、认识世界。

二是兴趣可以引发积极思考。实际上，学习是一个质疑、然后解疑的过程。学习者只有不断地提出疑问，然后解答疑问，才能逐步加深对所学知识的理解。美籍华裔科学家丁肇中教授曾这样说过："任何科学研究，最重要的是要看对自己所从事的工作有没有兴趣。换句话说，就是有没有事业心，这不能有丝毫的强迫……比如，搞物理实验，因为我有兴趣，我可以两天两夜，甚至三天三夜待在实验室里，守在仪器旁。我急切地希望发现我所要探索的东西。"正是因为这种对科学的兴趣，引发他不断地思考、实验，最终发现了"J粒子"，并因此获得诺贝尔物理学奖。

2. 兴趣的发展规律

（1）兴趣发展逐步深入。

由好奇到孜孜不倦的追求，兴趣的产生和发展一般都会经历有趣、乐趣和志趣三个过程。

① 有趣是兴趣发展的低级水平，它往往是短暂易逝、非常不稳定的。这一阶段的兴趣常常与人们对某一事物的新奇感相联系，随着这种新奇感的消失，兴趣也自然地消失。因此在大学生自我学习中，应引导他们对学习保持不断的新奇感，这样才能促进他们更好地进行自我学习。

② 乐趣是兴趣发展的中级水平，它是在有趣定向发展的基础上形成的。在这一阶段，人们的兴趣变得专一、深入起来，如喜爱网络文学的人或许会整日沉溺其中不可自拔。乐于学习的人，会主动排除干扰，钻研学问，但还不足以推动人们为了某种目标而奋斗终生。

③ 志趣则是兴趣发展的高级水平。当乐趣同人们的社会责任感、理想、奋斗目标结合起来时，乐趣便成了志趣，最后会转变为强烈的事业心，转变为热爱自己事业的深厚情感，使得学习者全身心地投入到学习活动中。

（2）直接兴趣与间接兴趣互相转化。

人们对事物或活动本身的兴趣成为直接兴趣，而对活动的目的或结果的兴趣成为间接兴趣。在自我学习活动中，直接兴趣可以转化为间接兴趣，间接兴趣也可以转化为直接兴趣。学习在遇到简单的、容易的、生动有趣的知识时，便会产生直接兴趣；而一旦遇到复杂的、困难的、枯燥乏味的知识时，便需要有间接兴趣来维持学习。在自我学习过程中，既会遇到简单容易、生动有趣的知识，也会遇到复杂困难、枯燥乏味的知识，这就要求学习者善于用这两种兴趣彼此交替、互相转化，以取得更好的学习效果。

（3）兴趣既要广泛，又要有中心。

现代科学的发展，首先要求大学生具有广泛的兴趣，多方面地去摄取知识，打下扎实的基础，然后在要求他们在某一方面进行更深入的钻研，培养中心兴趣。广泛兴趣是中心兴趣的基础，只有基础扎实了，中心兴趣才会牢固可靠。而中心兴趣突出了，广泛兴趣才更有实际价值。二者的结合，实际上也就是自我学习中博与专的结合。自我学习中要在广泛兴趣的基础上发展中心兴趣，在中心兴趣的要求下去培养广泛兴趣。若没有中心兴趣，或对自己的主攻目标没有兴趣，就会舍本逐末、一事无成。

（4）兴趣与努力不可分割。

兴趣与努力是可以互相促进的，而不是两个对立面。要使自我学习取得较大的效果，既要有兴趣的参与，又要勤奋努力。兴趣与努力并不矛盾。在自我学习活动中，学生可能对某些知识不感兴趣，但只要经过努力学习，克服困难，学习获得了一定的效果，便会激起对这些知识的兴趣。当学习有兴趣之后，又可以促使他进一步努力学习，刻苦钻研。学习是一项艰苦的活动，兴趣能帮助学习者更好地学习，但是不能代替艰苦的活动。因此，自我学习活动离不开勤奋努力，兴趣与努力不断互相促进方能使自我学习达到最佳的境地。

3. 兴趣的培养

在自我学习中，兴趣属于非智力因素，但却是学习活动的催化剂。那么，我们应如何培养学生的学习兴趣呢[1]？

首先，要学会给兴趣找方向。学习和看小说、踢足球、听音乐是不同的，前者就像矿工采金，而后者是消遣娱乐。所以学习者都应明白，兴趣不是生下来就有的，需要后天培养。不能盲目地跟从兴趣，只做感兴趣的事，而是要充满兴趣地做所有能做出来的事，把本来不感兴趣的事做出兴趣来。例如，当你对某一门课程或某一章节不感兴趣时，先不要对老师抱怨，不喜欢教材，你可以在心里给自己打气："这门课或这个地方虽然现在没有学会，坚持学习，它肯定会很有趣的。"先在心里给自己定个方向很重要。

---

① 姜越. 学习力：在学习中提升正能量[M]. 北京：中央编译出版社，2013：129 - 130.

其次，要认真。认真是兴趣的主要源泉。认真就是让自己全神贯注地投入其中，全神贯注就会有些许收获，有了些许收获，心情就会愉悦，就会增加一份自信，进而产生兴趣。一直保持认真的态度，兴趣就会逐渐增加，这种循环往复的方式，由小到大，兴趣就会慢慢多起来。

再次，要学会通过制订"小目标"来激励自己。只空喊"我要成才""我要成功"是没有用的，最好是学会给自己每个早晨、每个晚上、每节课、每节自习、每个假日制订力所能及的小目标，完成这些激励自我的小目标，保证兴趣会大增。

最后，要懂得调节自己的情绪。当学习累了、烦了的时候，可以听听音乐、看看视频放松一下情绪。只有养成了爱学习的习惯，自我学习能力才会得到提升。

三、情感

情感是指客观事物符合人的需要时所产生的态度体验，情感与情绪在本质上是一致的，两者密切相关，紧密交织在一起。不同的是，情感较少受情境影响，比较持久稳定，也更深沉与含蓄。

1. 情商

天天有个好心情是每个人的美好愿望，情绪就像晴雨表，它反映了每个人内心的心理状态。情绪有积极情绪和消极情绪之分，积极情绪对大学生学习发挥着积极肯定的正面作用，而消极情绪对学习则发挥着负面消极的作用。

情商又称情感智商或情绪智商，简称 EQ，是一个与 IQ（智商）并列的概念。被誉为"情商之父"的丹尼尔·戈尔曼认为情感智商包含以下五个主要方面：

（1）了解自我，监视情绪时时刻刻的变化，能够察觉某种情绪的出现，观察和审视自己的内心体验，它是情感智商的核心，只有认识自己，才能成为自己生活的主宰；

（2）自我管理，调控自己的情绪，使之适时适度地表现出来，即能调控自己的情绪；

（3）自我激励，能够依据活动的某种目标，调动、指挥自己的情绪，这种能力能够使人走出生命中的低潮，重新出发；

（4）识别他人的情绪，能够通过细微的社会信号、敏感地感受到他人的需求与欲望，认知他人的情绪，这是与他人正常交往，实现顺利沟通的基础；

（5）妥善处理人际关系，掌握调控自己与他人的情绪反应的技巧。

情商对于人的成功起着比智商更加重要的作用。心理学家认为，一个人的成功与否，20％取决于智商，80％取决于情商。情商主要与非理性因素有关，它影响着认识和实践活动的动力。它通过影响人的兴趣、意志、毅力等，加强或弱化认识事物的驱动力。智商不高而情商较高的人，学习效率虽然不如高智商者，但是，有时能比高智商者学得更好，成就更大，原因就在于锲而不舍的精神更为重要，正可谓勤能补拙。

由于我国传统的应试教育重智力、轻能力及其他方面，因此，很多大学生的情商并不容乐观，这主要表现在以下几个方面：

（1）自我评价不准。有的大学生自我感觉良好，学习上自以为什么都懂了，但一考试往往考砸了；有的学生处处与同学相比，常自愧不如，产生自卑感；还有的学生违反纪律，却抱怨老师挑剔，认为自己运气不好。

（2）自我控制能力差。有的学生自控能力差，任性。轻者逃课厌学，重则抽烟酗酒、沉溺网络；有的学生则灰心丧气，自认前途渺茫，对学习提不起兴趣。

（3）自我激励意识差。有的学生学习无目标，不会自我激励。

（4）判断他人情绪能力低。有的学生不善于体察他人的情绪变化，不善于合作。

（5）处理人际关系能力差。有的学生独来独往，游离于集体之外，情感淡漠，视老师和同学如路人；有的学生往往因为一点小事就发生矛盾，不会与他人和谐相处。

这些情况都属于学生情商低的表现。情商对自我学习有很大影响，我们应以这些常见的低情商表现为戒，提高自己的情商，以高情商促进自我学习水平的提升。

2. 良好情感的培养

爱是高尚的情感，爱心的升华即是良好情感的形成。培养良好的情感，首先要从培育爱心开始。路德说："由于爱，我们便成为自由的、喜乐的、全能的、活泼的工作者，一切苦难的战胜者。"由于有了这种崇高的爱，我们才能做到"富贵不能淫，贫贱不能移，威武不能屈"，敢于同各种不良倾向斗争，使自己在学习、工作和生活中保持清醒的头脑。

其次，要加强情绪的自我调控，不断实践情感的自我优化。每个人都可能出现消极情绪，消极情绪是身心健康的大敌。突然而强烈的消极情绪会抑制大脑皮层的活动，破坏大脑皮层兴奋和抑制的平衡，使个体意识范围变窄，判断力减弱，失去自制力。对于情绪的调节和控制，并不等同于简单的压抑情绪，因此要做到自如地调控自己的情绪，需学习一些常见的情绪自我调控方法。常见的情绪自我调控法有下列几种：

（1）自我转移法。即转移注意中心，把注意力从引起不良情绪反应的刺激情境转移到其他事物上去或者从事其他活动的自我调节方法。当情绪不良时，可以通过散步、看电视、听歌等娱乐活动，或是有意给自己安排更多工作，使自己忙碌起来，达到转移注意力，调节情绪的目的。

（2）自我暗示法。当过分激动、恐慌、愤怒时，可以用简洁的语言暗示自己"冷静""镇定""淡定"；当信心不足、自卑时，可以告诉自己"我很棒""相信自己"；当面临困难和挫折时，可以暗示自己"不抛弃不放弃""坚持就是胜利"。

（3）合理宣泄法。有的人不愿意将悲伤的情绪表露出来，"人前强颜欢笑，人后独饮悲伤"。然而过分压抑自己只会使情绪困扰加重，而合理宣泄则可以使不良情绪得以缓解、放松。宣泄的方法多种多样，过度悲伤时可放声痛哭，深受压抑时可找朋友倾诉。但应注意，宣泄不能随时随地进行，应选择合适的场所和对象，以免引起意想不到的麻烦，产生不良后果。

（4）放松训练法。放松训练是一种很常用的方法，可以缓解由于长期承受压力而产生的焦虑、紧张，增强情绪调整的能力。常见的放松训练法包括肌肉放松训练法、腹式呼吸放松法、音乐放松法、意念放松法等。

最后，培养良好的情感，需要加强同外界的交往，切不可把自己封闭起来，要通过与他人的信息交流，调节自己的情绪和情感；除了学习之外，还应积极参加各种文艺、体育活动和其他有益身心健康的活动，丰富自己的生活内容，学会适当表达、调适情绪情感。

四、意志

孟子说："天将降大任于斯人也，必先苦其心志，劳其筋骨，饿其体肤，空乏其身，行拂乱其所为，所以动心忍性，增益其所不能。"苏轼说"古之成大事者，不惟有超士之才，亦必有坚忍不拔之志"。自我学习不是一朝一夕就能完成的，学习既要靠方法，也要靠心态，只有正心、志坚，才能破除万难、博学精专。意志是人类所特有的心理现象，同时也是影响自我学习的非智力因素之一。

1. 意志与学习

意志是意识的能动作用，是人们为了一定目的，自觉地组织自己的行为，并与克服困难相联系的心理过程。意志对学生的学习活动起着调节、导向的作用。一方面可以用意志力量去战胜学习中的困难，自觉地、积极地为达到学习目标而努力活动；另一方面又能控制那些与预定目的相矛盾的欲望或行动。

只要做事情就会遇到困境，学习也是如此。自我学习过程中，需要个体付出很大的体力、精力和智力，同时还要克服来自内部和外部的各种干扰和诱惑。当下社会风气浮躁，投机取巧、功利价值观盛行，缺乏自制力和抗诱惑力的学生很难排除对学习的干扰。很多学生简单地将学习和挣钱联系在一起，用金钱来衡量知识，因此造成一些内心躁动不安的人难以静下心来学习。学习时因想着挣钱而不够专心，工作了却又觉得知识不够，但挣钱的诱惑又让他们难以俯下身子学习。

意志品质反映了个体的意志水平，直接影响到个体行为的结果。有针对性地培养大学生良好的意志品质具有重要意义。

（1）自觉性。意志自觉性指的是个体对自己行动的目的和意义有正确的认识，并且能够主动支配自己的行动以达到目的。这种品质反映了个体的坚定立场和信念。一个具有自觉性意志品质的大学生能根据自己的认识和想法独立地进行学习，自觉地排除各种干扰和诱惑，不随波逐流；在学习中能独立思考，有自己的见解。当学习上遇到困难、危险、挫折和失败时，不灰心丧气，不怨天尤人，而是挺身而出，信心十足地迎接挑战。

（2）果断性。意志果断性指的是个人能明辨是非，在紧急关头当机立断地采取决定并执行决定。一个具有果断性意志品质的大学生，面对学习上的困境善于采取坚决的措施，在需要行动的时候，当断则断，绝不犹豫。他们会仔细深入地研究问题，多拟几个方案，多想几种办法，尽量使行动臻于完美，耐心地等待最佳时机的出现。

（3）坚韧性。意志坚韧性是指个体在学习中能够以坚韧的毅力、顽强的精神为实现目的而努力，不达目的誓不罢休。具有意志坚韧性的人在学习中遇到困难时很少退缩，在学习压力面前不会屈服，能够抗拒各种诱惑。他们具有明确的奋斗方向，即使遭遇失败也绝不泄气。坚韧性是学习意志力的核心品质。

（4）自制力。意志自制力指的是个体在学习中善于控制自己的情绪、约束自己的言语、有意识地支配和调节自己的行动。这种品质表现在意志行动的全过程中：在采取决定阶段，自制力强的人能够冷静分析，全面考虑，做出合理决策；而在执行决定时，则善于排除来自内外的干扰，坚持把决定贯彻到底。自制力强的大学生能够克服各种干扰更快更好的完成学习任务。

2. 大学生意志品质的培养

"宝剑锋从磨砺出，梅花香自寒中来。""书山有路勤为径，学海无涯苦作舟。"古今中外，没有一个名人或学者是在无困难、无问题的环境中成长的，也没有一个有出息的人是在一帆风顺的理想环境或不见风雨的温室里造就的。

马云告诉自己的员工："今天很残酷，明天更残酷，后天很美好。绝大多数人会死在明天晚上，看不到后天的太阳。"自我学习过程中是不可能没有困难和问题的，很多人一旦遇到困难就马上放弃，所以最终达不到成功的彼岸，只有在自我学习过程中不断地克服困难和解决问题，才能取得广阔而又高深的学问，增长智慧和才干，也最有可能实现自己的职业和人生目标。克服学习中的困难和解决学习中的问题，关键是靠坚强的意志。那么，该如何培养自己坚强的意志呢？

（1）确立远大的人生志向。学习的目的愈高尚，目的的社会意义愈大，就愈能形成巨大而持久的学习动力。而只有具有远大的目标，才能坚持不懈地行动。李时珍在青少年时代就立下了著书的宏大志向，他编著的《本草纲目》是我国医药学宝库中一份极其珍贵的遗产。这部长达195万字的巨著，是他从35岁时开始撰写的，前后用了整整27年时间才最终完成。在撰写过程中，他成年累月在深山野谷里采药，访问过成千上万的樵夫、猎户、渔夫、药夫，阅读了近千种书籍，做了成千上万次的试验，克服了许多意想不到的困难，倾注毕生的精力才实现了他自觉确定的行动目的。毛泽东同志少年时就志在改造中国，周恩来同志少年时就有"为中华之崛起而读书"的志向。他们在学校学习时和长期革命实践中表现了大无畏的革命精神和百折不挠的顽强意志，为我们树立了光辉的榜样。因此大学生应树雄心、立壮志，为建设祖国而奋发学习。

（2）坚持不懈，刻苦勤学。目的计划一经确定，就要有满腔热情，信心百倍，披荆斩棘，勇往直前，坚持不懈，有不达目的决不罢休的气概。光懂得道理和有良好的愿望是不够的，还必须在学习、生活和实践中进行艰苦的意志磨炼。攀登科学高峰会碰到许多困难，要经历许多曲折和反复，要有水滴石穿的精神，要有不屈不挠、坚忍不拔的毅力，只有这样，才能登上科学的高峰。就像患有瘫痪疾病的科普作家高士其那样，以顽强的精神进行工作和学习，他曾说："知识犹如人体的血液一样宝贵，我的病不能降低学习的要求。"为了工作，他在四十几岁的时候，又开始学习第四种外文，并在极端艰难的情况下写出了100多万字的作品，对人类作出了极大的贡献。

（3）学会自制。要学会控制和支配自己的行为，既能克制自己的冲动，表现出应有的忍耐性，又能迫使自己排除干扰，坚决地执行决定。如同学之间发生矛盾，自制力强的同学能控制自己的情感，坚持说理，不和对方争吵；而缺乏自制力的同学就可能吵得面红耳赤，甚至动手打人。又如，有的同学为了按时完成作业，任凭身边有人说说笑笑，仍能旁若无人地集中精力学习，表现出高度的自制力。所以，大家应学会控制自己的情绪，不要喜怒无常，才能使学习贯彻到底。

（4）掌握学习规律，发挥主观能动作用。人类学习的实质就是认识世界和改造世界，学习规律必然反映学习的本质和过程之间的关系以及学习活动发展的必然趋势。如果人未能掌握客观规律，以致违背了客观规律，人的主观能动性就不能发挥出来。在学习中，只要不断地总结和掌握学习的规律，我们就能掌握学习的主动权，做学习的主人，更好地完成学习任务。

五、性格

性格也是影响大学生学习的非智力因素之一。一个具有优良性格特征的学生，可以保证其具有正确的学习动机、稳定的学习情绪、持久的学习行为和顽强的学习意志，提高心智活动的水平，获得大学生学业的成功。

1. 性格与学习

爱因斯坦曾说过："优秀的性格与钢铁般的意志，比智慧更重要。"恩格斯说："人物的性格不仅表现在做什么，而且表现在他怎样做。"做什么，反映对人、对己、对事的态度，如自信与自卑、谦虚与骄傲、无私与自私、勤奋与懒惰、认真与马虎、稳重与冒失等；怎样做，反映行为的方式，如被动与主动、敏捷与迟钝、温和与暴躁、克制与冲动、自觉与盲目、坚强与软弱等。

性格对一个人的自我学习过程有着重要的推动作用，对其学习效果有着巨大的间接影响，性格可以很好地预测一个人的学业成绩。一般而言，性格既具有稳定性也具有可塑性，作用于性格的诸多因素是在不断发展变化的。在学习活动中，我们一方面要看到性格的稳定性，看到它在学习中的作用，进一步认识到培养良好性格的重要性，以使之在学习中发挥更大的积极作用；另一方面又要看到性格的可变性，看到它是可以通过各种途径培养的，因此，应当重视大学生良好的性格的塑造，改善那些不良的性格。

陶行知先生从教育实践中得出良好的性格特征主要有以下四个方面：

一是努力奋斗，"奋斗是成功之父"；

二是实事求是，"知之为知之，不知为不知"；

三是独立意识，"独立的意志，独立的思想，独立的生计与耐劳的筋骨"；

四是创造精神。

学习与人的性格有关，不同的性格会有不同的行为方式，也会有不同的学习方式。孔子在教学中就非常注意弟子的性格差异。他说："求也退，故进之；由也兼人，故退之。"意思是说，冉求性格软弱，所以我要多鼓励他，鞭策他；子路好强过人，所以我要让他注意谦逊和忍让。人的性格各有千秋，因此我们应针对不同的性格制定不同的学习方法，若学习方法不对，往往成绩不佳，智力也得不到充分的发挥。

如外向型学生在自我学习时应注意养成深思的学习习惯，发现错误要及时改正，养成看书的习惯，在其看书时要保持环境安静，尽量不让他们分心；内向型学生在自我学习时应加强心理健康教育，鼓励他们不要因困难而中途放弃，要坚持到底；对依赖型学生要培养他们独立处理问题、解决问题的习惯；对独立型学生要培养他们制订张弛有度的学习计划且严格执行，鼓励他们多与他人合作。

无论是外向型还是内向型、依赖型还是独立型的性格都各有优势，不必羡慕别人，别人的方法未必适合自己。只要能充分认识自己，加强自我修养和调节，努力学习，经常磨炼，就一定能以良好的心理素质充分展现自己的才华。

2. 大学生优秀性格的培养

"性格即命运。"在非智力因素中，性格是最稳定的个性心理特征，是各种非智力因素的综合表现。它对自我学习的影响广泛、持久而强烈。性格虽然与先天气质有关，但主要是后天形成的，因此，加强良好性格的培养是十分必要的，也是可行的。

良好性格的形成是长期的，同时影响性格形成的条件是复杂的。培养良好的性格品质要注意以下几方面[①]：

---

① 王言根. 学会学习——大学生学习引论[M]. 北京：教育科学出版社，2008：84.

第一，从点滴小事做起，从今日做起。"天下之难事必作于易，天下之大事必作于细"，要积极投身社会生活实践。只有千百次的反复实践，那些被检验为正确的态度和行为方式才能在心理上烙上深深地痕迹，形成定势，形成习惯，形成性格。

第二，努力学习，提高思想、道德、文化素质，要以科学的理论武装自己，以高尚的道德熏陶自己，以优秀的文化感染自己，使自己变得更加理智。这也是良好性格形成的主要条件。

第三，效法先贤，榜样模仿，加强自省，重视自我批评，对性格的形成也有重要作用。

第四，要特别重视环境和交友对性格的潜移默化作用。"近朱者赤，近墨者黑"，孟母三迁，说明古人很重视环境对培养人的意义。当代大学生一定要自觉地抵制社会不良风气的影响，不助纣为虐、不随波逐流。同时，结交朋友要慎重。一个人能结交志同道合的朋友是好事，但因为交了不好的朋友而染上恶习，形成坏性格，甚至走上违法犯罪的道路也不少见，这些应引以为戒。

古今中外大量学业成功人士的实践证明，只有智力因素和非智力因素协调发展，才是个人成长过程最理想的境界。有的人智商很高，从小被誉为"天才""神童"，但是却忽视非智力因素的培养，往往好景不长，很快如仲永一样"泯然于众"；有的人智商不高，甚至在学校被称为"笨蛋"，但由于勤奋好学、自强不息，最终却成为大科学家，成为对社会卓有贡献的人。当然，也不能只重视非智力因素，而忽视智力因素的发展。我们必须辩证地看待智力因素和非智力因素的关系[①]。

在自我学习的影响因素中，智力因素和非智力因素是不断发展和变化的，而且二者之间是相互作用、相互影响的关系。首先，智力因素会促进非智力因素的发展，智力因素的发展过程即是非智力因素的发展过程；其次，非智力因素在某种程度上又能支配智力活动，只有在非智力因素的主导下，智力活动才会积极主动，才会克服困难、坚持到底。最后，非智力因素还能补偿智力方面的弱点，如"勤能补拙"。但智力与非智力因素发展的一致性并非是绝对的、自发的，它们是在相互作用中不断发展的。因此，在自我学习中，既要发展学生的智力，也要注意培养学生的非智力因素。

7.2 能力故事

一、我相信我的未来不是梦

这是一位贫苦家庭出身的大学生的日记：

1988 年 6 月 5 日　星期五　天气晴　心情沉重

每当我迎着朝阳，一日之始时，我就会想起我的学习机会是父母用一分一分血汗钱凑起来的，我就会计划着这一天的每时每刻如何去安排，去珍惜，去奋斗。当我坐在那宁静的教室里聆听老师讲课时，而我的父母却面朝黄土背朝天，去耕种五个半人的田地和出售他们生产出的成担的蔬菜、菜油。没有知识本领已经不适应当今的社会发展，将来的时代更是竞争时代，那是真正有能力、有知识的人才各显神通的时代，而没有知识、没有能力只有穷一辈子。父母为了让我读书，竭尽全力，我的一切都是那么来之不易，一页纸，做了作

---

① 王言根. 学会学习——大学生学习引论[M]. 北京：教育科学出版社，2008：75.

业，还可以用来打草稿、练大字。我要珍惜每天的每时每刻，让每时每刻都起作用，不让它白白流逝。人生观就像一张白纸，看你有怎样的能力，怎样在上面去写，去画！在这人生的纸上能否画出蓝图，能否有动人的文章、美好的诗篇，就只有靠自己的努力。现在刻苦学习，将来报答父母，报效祖国，让我们的家乡脱贫致富。我相信我的未来不是梦①。

☀ 思考与讨论

（1）日记中这位同学的学习动机是什么？

（2）他的学习动机是如何转变为高尚的学习动机的？

（3）你的学习动机是什么？本篇日记对你有哪些启示？

二、中心兴趣

有一位画家，举办过十几次个人画展。无论参观者多少，脸上总是挂着微笑。有一次，有人问他：你为什么每天这么开心呢？"他讲了一件事情：小时候，我的兴趣非常广泛，也很要强，画画、拉手风琴、游泳、打篮球，必须都得第一才行，这当然是不可能的。于是，我心灰意冷，学习成绩一落千丈。

父亲知道后，找来一个漏斗和一把玉米种子。让我双手放在漏斗下面接着，然后捡起一粒种子投到漏斗里面，种子便顺着漏斗滑到了我的手里。父亲投了十几次，我的手中也就有了十几粒种子。然后，父亲一次抓起满满一把玉米粒放在漏斗里面，玉米粒相互挤着，竟一粒也没有掉下来。父亲对我说："这个漏斗代表你，假如你每天都能做好一件事，每天你就会有一粒种子的收获和快乐。可是当你想把所有的事情都挤到一起来做，反而连一粒种子也收获不到。②"

☀ 思考与讨论

（1）故事中的这个画家为什么最后会成功？

（2）你的兴趣多吗？中心兴趣是什么？

（3）你是如何处理中心兴趣和广泛兴趣的关系？

三、谈迁写《国榷》的故事

谈迁是我国明清之际的著名历史学家，当他发现明史书中错漏很多时，决心写一部真实可信的明史。但他家境贫寒，买不起书，只有向别人借阅抄录。他经常背着行囊，步行几百里，随访随宿，广泛搜集材料，26 年后，他终于写成了 500 万字的《国榷》。然而天有不测风云，1647 年的一天夜里，谈迁家中被盗，他的书稿也被偷走了！

谈迁遭此打击，悲痛万分，短短的时间内头发全白了。但他并未被挫折打倒、就此沉沦，而是迅速从打击中挺立起来，决心重新写。经过 4 年多的努力，谈迁终于再一次完成了《国榷》初稿。这时他已年届花甲，他带着书稿，背着行囊来到北京。他遍访明代遗臣，搜集明代遗

---

① 燕国材. 心理学家告诉你：如何成为学习的赢家[M]. 上海：上海人民出版社，2001.

② 姜越. 学习力：在学习中提升正能量[M]. 北京：中央编译出版社，2013.

闻，考察明朝遗迹，补充修订书稿，再经过两年多时间，终于完成了历史巨著《国榷》①。

思考与讨论

（1）谈迁从决心写到最终完成《国榷》花了多长时间？是什么使得他能够坚持下来？

（2）在自我学习中当你遇到挫折或磨难时，是否能向谈迁一样很快从打击中恢复过来？

（3）如何培养自己坚强的意志，与挫折斗争？

四、几十年如一日地学习

中国中铁一局电务公司电力工高级技师窦铁成，从一个初中毕业的普通工人成长为大家公认的"工人教授"，用他朴素的人生经历，演绎了当代工人的不平凡历程。

1979年，聪明好学的窦铁成通过考试，成了中铁一局一名电力工人。初中毕业的他深知一个人可以没有文凭，但不能没有知识和技能。于是，他努力地学习，把施工和技术要点以及自己的心得体会详细地记在笔记本上，这一习惯他一直保持至今。

1983年，在京秦铁路沱子头变电所施工时，因为工班没有技术员，工长便让他来试试。于是，他白天干活，晚上对照专业书籍，认真研究。这期间，他把一寸半厚的图纸都齐齐地画了一遍。最后，工程不仅顺利完成，还获得国家优质工程银质奖。

自我学习，让他始终站在了技术最前沿。1999年，变配电设备的测试开始采用电脑分析，已经40多岁的他又开始学习计算机，成为中铁一局3万员工中掌握电脑设计绘制电力图纸的第一人。

对老窦，同事们都很佩服："没有窦师傅不学的东西，现在很多国外设备图解都是英文的，为了搞懂弄通，这不，老伙计又在鼓捣英语了！"

"做什么事情一定要做好做到家，吃了这行饭，就一定要把这行干好！"攻克了无数施工技术难关的老窦，充分证明着自己的实力。

2001年，京珠高速粤境北段大桥变电所施工，60％的设备为国外进口，施工难度相当大，工程指挥部专门让窦铁成前去增援。

安装任务算是顺利完成了，可就在进行交工送电前的空载试验时，却出现了意想不到的故障：一台升压变压器的空气开关不断跳闸。虽进行了数次调试，但始终找不出原因。施工方一口咬定是施工出的问题。窦铁成下决心要查了究竟。

虽然法国专家矢口否认他们的产品有质量问题，但窦铁成相信：有事实为证，容不得你不服。于是，他便详细解释了故障原因。法国专家仍然将信将疑，亲自检查测试、反复核对，最后对窦铁成佩服得五体投地。

2006年7月，窦铁成参加浙赣铁路板杉铺牵引变电所施工。施工过程中，变电所的变压器引入导线设计要求为铜板双导线，但国内没有这种产品，交工日期已经逼近。大家把目光投向了老窦。他不负众望，经过5个晚上的连夜奋战，制定了一个"简化结构，保证功能"的产品加工方案：利用现场既有的铜排、铜螺栓等材料，加工制作出符合技术和功能要求的全铜间隔棒，完全达到技术指标。

---

① 杜克丁. 学习的智慧[M]. 北京：国防工业出版社，2013.

29 年来，他记下工作笔记足有 60 多本，近 100 多万字，解决了 50 多项技术难题，排除了 300 多次送电故障，负责安装的 45 个铁路变配电所全部一次验收通过。这些与他几十年如一日的自我学习是分不开的[①]。

思考与讨论

（1）窦铁成是如何从一个初中毕业的普通工人成长为大家公认的"工人教授"的？

（2）如何培养自己的学习兴趣，克服影响自我学习的不利因素？

（3）你是否能向窦铁成一样几十年如一日地学习？他的这种精神对你将来的学习和工作有哪些触动与启发？

五、玉不琢不成器

有两块颇具灵性的大石头，被挑选到一个新建的佛寺中雕刻释迦牟尼像。雕刻师发现第一块石头的材质比较好，决定先雕这块石头。雕刻过程中，这块石头一直感觉很痛，就对雕刻师说："我撑不下去了，你别雕了！"雕刻师回答它："你撑过两个星期就好了，那时候你就会成为万人膜拜的佛像，你只要再坚持一下你就有好的成就。"这块石头忍受着疼痛过了两天，它发脾气："我不干了！"这块石头不配合，雕刻师就没有办法雕琢，只好把它先放在一旁。

雕刻师把目光转向第二块石头，他问石头："我现在要雕刻你，会很痛，你能不能忍受？"第二块石头说："我绝对可以忍受，你就尽你的能力去雕刻好了。"雕刻师得到这样的允诺，就放心大胆地工作起来。果然，在整个雕刻过程中，第二块石头都没有发出一声抱怨，它被雕刻师雕刻成了一座完美的释迦牟尼的佛像。佛像开光以后，来寺院里膜拜的人太多了，踏得寺院里尘土飞扬。寺院里的人看到这种情况，就把第一块没有完工被废弃的石头打碎铺在地上。那块因为怕痛而拒绝被雕刻的石头，就这样变成万人践踏的铺地石。

思考与讨论

（1）为什么这两块"颇具灵性的"大石头的命运相差这么大？

（2）你怕吃苦吗？当你在自我学习过程中遇到困难时，你会怎么做？

7.3 能力训练

一、团体心理辅导活动——学习需要意志力

1. 活动目的

（1）通过活动，让学生获取锻炼意志、毅力和耐心的体验。

（2）通过活动，让学生懂得在学习上需要这种良好的心理品质。

① 吴永生，刘伟. 自我学习［M］. 北京：中国工人出版社，2012.

2．活动说明

（1）重点：让学生充分体验锻炼意志、毅力和耐心的重要性。

（2）难点：通过游戏活动，让学生把在活动中感受到的内心体验上升到理性认识，真正理解意志力对学习、生活的重要性。

（3）活动准备：准备黄豆、赤豆、黑米、白米、小红旗若干。

3．活动过程

（1）导入。

① 教师：同学们，我们每个人无论在学习中还是在生活中，都常会遇到困难，在遇到困难时，我们应该拿出自己的意志和毅力去克服它。可是要克服困难并不是一件容易的事，它需要我们有百折不挠的毅力和坚强的意志。下面我们来做两个游戏，体会一下锻炼自己的意志、毅力和耐心的重要性。

② 进行游戏。把黄豆和赤豆混在一起，然后把它们分拣出来。试一试你花了多少时间。

③ 小结、交流。先由教师发问："同学们，你们在分拣时遇到什么样的困难啊？你们当时心里有什么感受？请大家交流一下想法好吗？"

同学们进行交流，各自谈谈在分拣时遇到的困难和感受。

教师作小结

（2）分拣比赛。

分别取一把白米和一把黑米，并把它们混在一起，然后分拣开来。试一试你花了多少时间？

学生在分拣时，教师一边巡视一边计时，发现已完成分拣任务的同学，就在他拣好的米堆上插上一面小红旗，并报出他所花的时间；没有拣完的学生继续分拣，直到最后一个学生分拣完毕。

（3）学生进行交流。

① 教师发问："在这次比赛中，你有什么样的体会？"

② 学生们对此进行讨论、发言。

③ 请最先完成任务的学生分享自己的经验与感受。

④ 教师宣布最先完成的同学获得"优胜奖"，而坚持拣完的最后一名同学获得"意志奖"。

⑤ 教师对这次活动作总结。

二、绝处逢生

目的：通过帮助别人面临困境学业受阻时打消轻生念头，认识在面临困难和挫折时为什么要心存希望。

操作程序：

（1）热身活动（抓手）：10人一组，围成圆圈，每个人伸出右手，掌心向下；同时伸出左手，食指顶在左边那人的右手掌心上。辅导者开始说一段事先准备好的话，要求大家听到这段话中出现某个字或词（如听到"抓"字）时，你伸出的右手要快速抓住左边人的食指，而自己伸出的食指要同时尽可能地逃脱，以免被抓。

（2）讨论：

① 你逃了多少次？被抓了多少次？

② 你是否因反应错误而出现误逃和误抓的情况？

③ 为什么会出现反应错误？

④ 在游戏中你的体验是什么？

（3）小组中一位同学扮演因父母离异，自己生活无着落，学习受到影响，悲痛欲绝，静不下心来认真学习的角色，请其他同学列出理由劝说他放弃自杀念头，好好学习，通过学习改变自己的命运。

（4）小组中一位同学扮演被告知因挂科太多面临降级、丧失信心、打算破罐破摔的角色，其他同学列出理由劝说他重拾信心，好好学习。

（5）大家评出每个案例中的最佳"劝手"。

总结：

一只鸡蛋落在地上，它悲伤地哭道："我完了，我这只倒霉蛋。我为什么这么倒霉？"接着就粉身碎骨，壮烈牺牲了。

一块石头落在地上，它愤怒地大叫："谁敢跟我作对？你硬，我比你们更硬！"它把地面砸出了个窝，但它自己也深陷其中出不来了，它气急败坏，但无能为力。

一只皮球落在地上，砸得越猛它反弹得越高，然后轻巧地换了一个姿势，在地上打了个滚，就又蹦蹦跳跳地走了。

鸡蛋、石头和皮球的遭遇，反映了生活中人们对待挫折的不同态度。有的人遇到挫折，暴跳如雷，继续撞南墙；有的人遇到挫折就一败涂地，再也站不起来了；有的人遇到挫折，轻轻一笑，改变一个方向，又上路了。你是哪一种呢？

人类处于生物进化金字塔的顶端，拥有高度发达的意识，拥有其他生物所不具备的选择能力。这种选择能力的本意是让我们有更强的适应环境的生存能力，使我们能享受更丰富、完美的生命。我们依然需要不断学习，在学习中提升正能量。不然，就会被自己的思想和挫折折磨得"死去活来"。面对挫折和困境，你总有摆脱的机会，你可以选择任何一个时刻作为信心的开始，从这一意义上说，跌倒了不叫失败，跌倒了爬不起来或者不爬起来，那才是失败①。

三、哈佛情商测试

哈佛心理学博士戴尼尔·高尔曼为情商的测试做了一些努力，尝试出了一些问题，通过对这些问题的回答，你可以获得一个关于自己的 EQ 的粗略的感性印象。问题共 10 个，计分标准见后文，最高分数为 200 分，一般人的平均分为 100 分，如果你得了 25 分以下，最好另找个时间重测一下。

现在，请静下心来，诚实地回答下面的测题。一定要按照你真正可能会去做的实际去回答，而不要试图用在学校里获取的做多项选择题的技巧去猜哪一个才是对的。

准备好了吗？开始！

1. 坐飞机时，突然受到很大的震动，你开始随着机身左右摇摆。这时候，你会怎样做呢？

　　A. 继续读书或看杂志，或继续看电影，不太注意正在发生的骚乱

---

① 白羽. 改变心力——团体心理训练与潜能激发[M]. 杭州：浙江文艺出版社，2006.

B. 注意事态的变化，仔细听播音员的播音，并翻看紧急情况应付手段，以备万一

C. A 和 B 都有一点

D. 不能确定——根本没注意到

2. 带一群 4 岁的孩子去公园玩，其中一个孩子由于别人都不和他玩而大哭起来。这个时候，你该怎么办呢？

A. 置身事外——让孩子们自己处理

B. 和这个孩子交谈，并帮助他（她）想办法

C. 轻轻地告诉他（她）不要哭

D. 想办法转移这个孩子的注意力，给他（她）一些其他的东西玩

3. 假设你是一个大学生，想在某门课程上得优秀，但是在期中考试时却只得了及格。这时候，你该怎么办呢？

A. 制定一个详细的学习，并决心按计划进行

B. 决心以后好好学

C. 告诉自己在这门课上考不好没什么大不了，把精力集中在其他可能考得好的课程上

D. 去拜访任课教师，试图让他给你高一点的分数

4. 假设你是一个保险推销员，去访问一些有希望成为你的顾客的人。可是一连十五个人都只是对你敷衍，并不明确表态，你变得很失望。这时候，你会怎么做呢？

A. 认为这只不过是一天的遭遇而已，希望明天会有好运气

B. 考虑一下自己是否适合做推销员

C. 在下一次拜访时再做努力，保持勤勤恳恳工作的状态

D. 考虑去争取其他的顾客

5. 你是一个经理，提倡在公司中不要搞种族歧视。一天你偶然听到有人正在开有关种族歧视的玩笑。你会怎么办呢？

A. 不理它——这只是一个玩笑而已

B. 把那人叫到办公室去，严厉斥责他一顿

C. 当场大声告诉他，这种玩笑是不恰当的，在你这里是不能容忍的

D. 建议开玩笑的人去参加一个有关反对种族歧视的培训班

6. 你的朋友开车时别人的车突然危险地抢到你们前面，你的朋友勃然大怒，而你试图让他平静下来。你会怎么做呢？

A. 告诉他忘掉它吧——现在没事了，这不是什么大不了的事

B. 放一盘他喜欢听的磁带，转移他的注意力

C. 一起责骂那个司机，表示自己站在他那一边

D. 告诉他你也曾有同样的经历，当时你也一样气得发疯，可是后来你看到那个司机出了车祸，被送到医院急救室

7. 你和伴侣发生了争论，两人激烈地争吵；盛怒之下，互相进行人身攻击，虽然你们并不是真的想这样做。这时候，最好怎么办呢？

A. 停止 20 分钟，然后继续争论

B. 停止争吵……保持沉默，不管对方说什么

C. 向对方说抱歉，并要求他（她）也向你道歉

D. 先停一会儿，整理一下自己的想法，然后尽可能清楚地阐明自己的立场

8. 你被分到一个单位当领导，想提出一些解决工作中繁难问题的好方法。这时候，你第一件要做的是什么呢？

A. 起草一个议事日程，以便充分利用和大家在一起讨论的时间

B. 给人们一定的时间相互了解

C. 让每一个人说出如何解决问题的想法

D. 采用一种创造性地发表意见的形式，鼓励每一个人说出此时进入他脑子里的任何想法，而不管该想法有多疯狂

9. 你 3 岁的儿子非常胆小，实际上，从他出生起就对陌生地方和陌生人有些神经过敏或者说有些恐惧。你该怎么办呢？

A. 接受他具有害羞气质的事实，想办法让他避开他感到不安的环境

B. 带他去看儿童精神科医生，寻求帮助

C. 有目的地让他一下子接触许多人，带他到各种陌生的地方，克服他的恐惧心理

D. 设计渐进的系列挑战性计划，每一个相对来说都是容易对付的，从而让他渐渐懂得他能够应付陌生的人和陌生的地方

10. 多年以来，你一起想重学一种你在儿时学过的乐器，而现在只是为了娱乐，你又开始学了。你想最有效的利用时间。你该怎么做呢？

A. 每天坚持严格的练习

B. 选择能稍微扩展能力的有针对性的曲子去练习

C. 只有当自己有情绪的时候才去练习

D. 选择远远超出你的能力但通过勤奋的努力能掌握的乐曲去练习

测题答案及解释：

1. 除了 D 以外的任何一个答案，选择答案 D 反映了你在面临压力时经常缺少警觉性。

   A＝20　　　　B＝20　　　　C＝20　　　　D＝0

2. B 是最好的选择

   情商高的父母善于利用孩子情绪状态不好的时机对孩子进行情绪教育，帮助孩子明白是什么使他们感到不安，他们正在感受的情绪状态是怎样的，以及他们能进行的选择。

   A＝0　　　　B＝20　　　　C＝0　　　　D＝0

3. A 自我激励的一个标志是能制定一个克服障碍和挫折的计划，并严格执行它。

   A＝20　　　　B＝0　　　　C＝20　　　　D＝0

4. C 为最佳答案

   情商高的一个标志是面对挫折时，能把它看成一种可以从中学到东西的挑战，坚持下去，尝试新的方法，而不是放弃努力，怨天尤人，变得萎靡不振。

   A＝0　　　　B＝0　　　　C＝20　　　　D＝0

5. C 形成一种多样化的气氛的最有效的方法是公开挑明这一点，当有人违反时明确告诉他你的组织的规范不允许这种情况发生。不是力图改变这种偏见（这是一个更困难的任务），而只是让人们遵照规范去行事。

| A＝0 | B＝0 | C＝20 | D＝0 |

6. D 有资料表明，当一个人处于愤怒状态时，使他平静下来的最有效的办法是转移他愤怒的焦点，理解并认可他的感受，用一种不激怒他的方式让他看清现状，并给他以希望。

| A＝0 | B＝5 | C＝5 | D＝20 |

7. A 中断 20 分钟或更长的时间。

  这是使愤怒引起的生理状态平息下来的最短时间。否则，这种状态会歪曲你的理解力，使你更可能出口伤人。平静了情绪后，你们的讨论才会更富有成效。

| A＝20 | B＝0 | C＝0 | D＝0 |

8. B 当一个组织的成员之间关系融洽、亲善，每一个人都感到心情舒畅时，组织的工作效率才会最高。在这种情况下，人们才能自由地作出他们最大的贡献。

| A＝0 | B＝20 | C＝0 | D＝0 |

9. D 生来带有害羞气质的孩子，如果他们父母能安排一系列渐进的针对他们害羞的挑战，并且这种挑战是能逐个应付得了的，那么他们通常会变得喜欢外出。

| A＝0 | B＝5 | C＝0 | D＝20 |

10. B 给自己适度的挑战，最有可能激发自己最大的热情。这既能使你学得愉快，又能使你完成得最好。

| A＝0 | B＝20 | C＝0 | D＝0 |

拓展阅读："兴趣"写给儿子的一封信

亲爱的儿子：

  你好！你既然认识到加强兴趣可以让你的快乐升级，那就不要担心兴趣会影响到你的学业。任何一个人的学业好成绩都与兴趣分不开，缺乏兴趣与爱好，只会给自己带来空虚和烦恼。一个有着良好兴趣的人，他的生活中愉快的事情都会不期而至，让人快乐不已。

  世界著名博物学家达尔文，小时候就和普通的孩子一样，没有什么天才的痕迹显露出来。可是从 7 岁开始，他对许多风干的植物和死了的昆虫有了兴趣，并经常搜集这些东西。他还搜集硬币、图章、贝壳和化石等东西，他还喜欢在家里做些试验。因为这样，他经常被他就读的施鲁斯伯里学校校长巴特勒博士训斥。施鲁斯伯里学校是一所从事古典教育的学校，巴特勒博士训斥他："假如你还玩这些与学习不相干的玩意儿，就不让你在这个学校上学了！"

  但是，达尔文的父亲老达尔文对儿子的兴趣和爱好采取支持和尊重的态度。他给了达尔文花园里的一间小棚子，可以在这里面做化学实验。达尔文 8 岁的时候，母亲离他而去，他父亲和他的舅父韦奇伍德在家里一直支持和引导他。10 岁的时候，达尔文同一位教师和一些同学到威尔士的海岸度过了三个月，达尔文在海岸上观察和搜集了许多海生动植物的标本。

  达尔文喜欢幻想。有一次，他对大家说，他搜集的几块化石是价值连城的奇珍，而且有一块硬币还是罗马时期的。人们觉得他养成了说谎的坏习惯，但是他的父亲并没有阻止他。老达尔文说："这是孩子有想象力的表现，这很可能是一种才能，或许将来的某天他可能会把这种才能用到正事上去。"

达尔文的舅舅则鼓励达尔文对于自己观察的事情都用笔记录下来。达尔文对所有的标本都做了一些简单的记录，偶尔会在上面画一些插图。舅舅对他的要求很高，他告诉达尔文："你就当自己是个画家，可是你画画时不是用画笔和颜色而是用文字描述。当你'画'出一种花、一种蝴蝶甚至一种苔藓的时候，你要做到能够让别人根据你的描述马上就能认出是什么东西。"

为了能让达尔文描述得更好，老达尔文让他读了许多优秀的文学作品。他读了莎士比亚的所有作品，还阅读了司格特的小说和拜伦、柯勒律治、雪莱、华兹的诗歌。其中，他最喜欢的是弥尔顿的十四行诗，里面一些精彩的语句，他竟能背诵出来。

因为父亲和舅舅的支持和帮助，达尔文自小培养自己搜集动植物标本的爱好，并充满了想象力，能够做严谨的科学记录，更有足够的语言能力将自己观察看到的一切用文字描述出来。所有这些，都为他以后成为生物学家奠定了基础。

由于达尔文对大自然有浓厚的兴趣，经过孜孜不倦的探索，他后来成了伟大的生物学家。

所以说，儿子，在生活与学习的过程中，缺少"兴趣"二字，你的心态也会变得灰暗不堪。你的周围有很多和你一样年纪的人，他们或许有太多繁重的作业，或许得不到父母的允许，或许还有很多这样那样的理由，使他们不再关注自己的爱好。儿子，你要牢记，兴趣是夜空中最美的星星，在你的人生之中闪闪发光，就像璀璨美丽的浪花，随着温柔的清风慢慢摆动着，真正的兴趣是你一生的"爱好"。

兴趣有良好的兴趣与不良兴趣之分。良好的兴趣，不仅能增强大脑的功能，提高工作效率，而且还可以预防神经衰弱的发生。人们从事活动，如果怀有浓厚的兴趣可以做得又快又好，且可持续较长时间而不感到疲劳。

兴趣是一种非常现实而且活跃的心理成分，在你学习、生活中起着极其重要的作用。当一个人对某件事情、某个学科产生浓厚的兴趣时，他一定会积极主动地怀着愉悦的心情去探索、学习，而从不会认为这是一种负担。

愿你有朵属于自己的兴趣之花！

爱你的父亲[①]

课 后 练 习

1. 根据耶克斯-多德森定律思考一下在自我学习中应如何运用这一规律，让我们的学习效率达到最高。

2. 按照兴趣发生发展的规律，谈一谈应如何培养自己的兴趣。

3. 请分析一下自己的性格特点，然后谈一谈应如何根据自己的性格特色进行自我学习。

4. 在自我学习中选择一个竞争对手，研究、分析他的特点，并想方设法超越他。请具体写出他的特点分析报告、选择方案与措施结果，并作出总结。

————————————

① 姜越. 学习力：在学习中提升正能量[M]. 北京：中央编译出版社，2013.

任务8　自我学习中的创造性思维

现在的一切美好事物，无疑不是创新的结果。

——[英]穆勒

学问只有打破因袭方能前进，若受一国一时的风尚限制，只有走上死路。

——[日]森鸥外

训练目标

（1）了解创造性思维的含义与特点；

（2）掌握常见的创造性思维培养方法；

（3）了解创新学习的几种形式；

（4）能恰当地分析个体自我学习中的创造成分，有针对性地进行创新学习。

8.1　能 力 基 础

一、创造性思维的含义与特点

1. 创造性思维的含义

创造性思维，就是用独创的新颖的方法来解决问题的思维。创造性思维是由多种思维形式组合而成的一种复杂的思维活动。它既可以是发散思维与辐合思维的结合，也可以是直觉思维与分析思维的结合，它既包括抽象思维，也离不开形象思维。

创造性思维是人类思维活动的高级过程，是一种复杂的心理活动，需要人们对已有的知识经验进行改组或重新组建，并在头脑中产生新的思想和方案。创造活动是创造性思维产生的基础，没有大量的社会实践活动，没有丰富的社会经验积累，就不可能产生创造性思维。

创造性思维是一个打破常规性思维，摆脱惯用方法，尝试用新异的方法解决问题的思维方式。它解决问题的方式给人眼前一亮的感觉，而效果却能事半功倍。比如说一个砖头有什么用？常规的思维方式也许是：可以盖房子，可以砌墙。但是，创造性思维也许会：它可以做尺子、画直角，可以用来敲钉子。

创造性思维及其成果，对于社会实践活动起着促进作用，能大大提高效率。

2. 创造性思维的特点

对于创造性思维的特点，国内外学者有多种论述。归纳各位学者的意见，我们认为创造性思维的特点主要有以下几个：

（1）思维的变通性。创造性思维主要由发散思维和集中思维组成。所以，创造性思维的首要特征就是变通性。在解决问题的初期，运用常规性思维遇到困难时，不少人的思维会一直陷于常规性的思路，不断地在诸多的惯用的解决方法之间取舍，但要解决难题，就一定要变通，摆脱习惯常见的方法，多考虑全新的、前人没有使用的方法，这样很可能找到一种全新的解决方法，这就是创造性思维的变通性，也称灵活性。

变通性表现在思维灵活，遇到难题时能及时转换变通：一是能从多方向、多角度、多侧面去思考问题；二是要打破思维定势的影响，思路受阻时能迅速转换。这也是对人们的发散性思维的要求。

（2）思维的独特性。创造性思维所提出来的方案和结论是超乎寻常的、新颖的、别出心裁的、不受习惯思维所约束的，这就是创造性思维的独特性。

关于独特的思维能力，心理学上有过这样一个实验：主试者讲述一个故事，要被试者在一定时间内给故事起一个适当的题目，而且题目越奇越好。故事的大意是这样的：有一对夫妻，妻子本是哑巴，经医生开方治疗后能如常人一样说话。但丈夫觉得妻子说话太多，吵得他整日痛苦不堪，最后只好要求医生设法使自己变成了聋子，家庭才从此恢复了安宁。有些人把这个故事命名为："丈夫与妻子""医学的奇迹""永远不满意"；而有些应试者却赋予了故事以"聋夫哑妻""天生的幸福""开刀安心"等题目。比较起来，是不是觉得后面的题目更独特、更新颖、更引人注意呢？从这个心理学实验中可以看出，创造性思维的成果往往是独特的，对解决问题起到意想不到的作用。

（3）思维的敏锐性。思维的敏锐性表现在能迅速评价并及时地捕捉闪耀的思想。在创造性思维过程中，新的解决问题的思路、方案的产生往往带有突然性，这种突然产生新思路、新方案的状态，称为灵感。它常给人一种豁然开朗、妙思突发的体验，使百思不得其解的问题顿释。许多科学家的成功经验表明，他们的发明创造过程中，大多出现过灵感。灵感并不是什么神秘之物，它是思考者长期积累知识经验、勤于思考的结果。

阿基米德在解决"王冠问题"中，被要求检验国王的金冠中是否掺了假又不破坏王冠。这个问题难倒了诸位大臣，阿基米德也苦苦思考数日不得结果。一天，他去澡堂洗澡，当他坐进澡盆里时，看到水往外溢，同时感到身体被轻轻托起。他突然悟到可以用测定固体在水中排水量的办法来确定金冠的比重。他兴奋地跳出澡盆，连衣服都顾不得穿就跑了出去，大声喊着："尤里卡！尤里卡！"（Eureka，意思是"我知道了"）。阿基米德在思考数日之后，一次偶然的机会，灵感像一名过客经过他身边，这种稍纵即逝的灵感被他敏锐地抓住了，最终圆满解决了难题。

虽然灵感的出现没有准确而固定的时间，但是，大量的经验表明，它的出现仍然有一定的规律性：第一，灵感出现之前，需要个体对所要解决的问题有一个长时间的思考，只有反复思考所要解决问题的各个方面、各个角度及一切可能的解答方案，才有可能在这么多的思想基础之上产生新的方案。这个长时间的苦思冥想就是灵感产生的前提，并不是想要就能出现，更不可能在毫无准备的情况下出现，它的出现是对问题的深入考虑之后的瓜熟蒂落、水到渠成。第二，在思考问题过程中，要求注意力高度集中在所要解决的问题上，甚至达到痴迷的程度。历史上有不少名人在灵感出现之前，为了问题的解决，痴迷得不顾路人，甚至走路摔到路边的沟里。只有全心投入思考，才可能在灵感忽然出现时，敏锐地捕捉。第三，灵感往往是在人们长期紧张思考之后的短暂松弛状态下出现的。就像阿基米德，在思考数日之后，在一次洗澡的时候找到了灵感。而门捷列夫则是在梦中找到元素周期表的灵感。因为紧张后的轻松之时，大脑灵活、感受力强，最易产生联想、触发新意①。

二、创造性思维的培养

创造性思维在自我学习中被广泛运用。在日常工作和学习中，我们常会有一些新鲜的、前所未有的认知和体验，它会使某项工作进展顺利、迅速，并且超出我们的期望，这种体验可以称为"创造性思维潜力的显露"。我们在自我学习时应该自觉开发这种创造潜力，无论是学习理论知识，还是学习实践经验，都要全方位掌握所学知识，善于举一反三，学会拓宽思路，用创造性思维解决问题。其实，创造性思维就是使灵感比别人快一步迸发出来。只要你比别人快一步，成功就会离你近一步。

创造性思维在人类社会生活的一切领域中都有着重要作用，对每个人的学习有巨大意义，它能使学习者对知识的理解、掌握和运用更深刻更有效，所以，在平时就要重视培养和发展创造性思维。培养和发展创造性思维可以从以下几个方面着手：

1. 激发好奇心和求知欲

好奇心和求知欲是创造性思维的重要条件。好奇心和求知欲是对知识本身感兴趣，它是一种最重要的、最稳定的动机。好奇心和求知欲能促进思维的进行，能促进人对问题的解决，从而促进创造性思维的发展。

好奇心强的人对于新事物往往主动地进行探究，提出各种问题，并寻找问题的答案，发现事物的内在规律。好奇心是激励人们去探究事物的一种内部动力。求知欲旺盛的人，对于所要解决的问题，不满足于现成的答案和习惯的方案，也容易打破权威的束缚，而自己积极地去独立思考，寻找答案，试图发现新问题找到新答案。古希腊哲学家柏拉图和亚里士多德都说过，哲学的起源乃是人类对自然界和人类自己所有存在的惊奇。他们也认为，积极的创造性思维，往往是在人们感到"惊奇"时，在情感上燃烧起来对这个问题追根究底的强烈的探索兴趣时开始的。

日常生活中可以通过一些练习来激发我们的好奇心和求知欲。倒如，做一些富有创造力的事情，通过写日记的途径，每天关注引起我们兴趣的事物，关注周围令人吃惊的事情。平时可以经常地提出一些问题"为什么""怎么样""多少""在哪里"等，将好奇心保持在一个较高的水平。

2. 训练发散式思维

发散式思维与创造性思维有直接联系，是创造性思维的核心。因此，创造性思维的培养就离不开发散式思维的训练。

发散思维的培养，主要是学会多角度地思考问题，以求得多种设想、方案或结论。培养多角度思考问题的能力，首先就要熟悉问题，把握问题的实质，通过分析和理解去把握问题的各个方面及其实质，是多角度思考的前提。例如给材料写作文或读后感，就必须先读懂原材料，否则所作的思考便失去了依据，所得的结果也毫无实际价值和意义。

---

① 陈晶，黄艳苹. 大学生学习管理与辅导[M]. 北京：北京师范大学出版社，2010，107－108.

其次，要善于通过联想、想象、猜想、推想等开拓思路。能否多角度思考，变思维的单向性为多向性，关键是看能否打破思维定势，敏捷而灵活地思考问题。

思维定势又叫"习惯性思维"，是指人们按习惯的、固定的思路去考虑问题、分析问题，具体表现为在解决问题过程中做特定模式的习惯性准备。思维定势阻碍了思维的开放性和灵活性，造成思维的僵化和呆板，使创造性思维的发展受到严重阻碍。

在长期的思维实践中，每个人都形成了自己惯用的、格式化的思考模式，当面对外界事物的变化或现实问题的时候，我们会不假思索地把它们纳入自己特定的思维框架中，并沿着特定的思维路径对它们进行思考和处理。

思维定势可以让我们在从事某些活动和处理某些问题时轻车熟路，节省很多时间和精力。但思维定势的存在也会束缚我们的思维，使我们养成用常规的方法解决问题的习惯，而不再去外界寻求其他更便捷的路径。

要打破思维定势，让我们的思维发散开来，就必须锻炼我们思维的敏捷性和灵活性，在思考问题时既能从一个角度看问题，又能在必要时改变角度看问题，或者同时从几个角度看问题。

关于发散式思维的训练，美国心理学家奥斯本（A. Osborn)提出一种"急聚联想"法，也称"头脑风暴法"（Brainstorming)，就是指由一部分人集中在一起以讨论会议的形式进行，在轻松的氛围中，大家可以各抒己见，自由联想，充分发挥创造性，在较短时间内产生大量的可能有使用价值的设想。这种方法以集体思维的方式进行，对每个人可以提供知识互补、思想共鸣的条件。同时，鼓励每一个人畅所欲言，当时不管数量和质量，都记下每一个人的想法。经过实践证明，头脑风暴法对于人们思维的灵活性能起到积极作用。

但是，头脑风暴法大多只适用于单一的、目标明确的问题，如果问题涉及面很广，内容多，或者问题需要大量推理，就不适用于头脑风暴法。这时，有另一种发散式思维的训练方法——设问法：对要改进的事物进行分析、展开、综合，明确问题的性质，以提问的方式寻找新的途径，从多角度灵活地处理问题。常见的有 5W1H 法，就是为什么（Why)、做什么（What)、什么人（Who)、什么时候（When)、什么地方（Where)、如何做（How)。

此外，了解并掌握一些发散式思维的具体方法，对于培养发散式思维也很重要。多角度思维的方法主要有：

（1）顺向思维。循着问题的直接指向去思考。

（2）逆向思维。从与问题相反的角度对原意提出质疑。比如说过河需要船，这是正向思维。我们可以问：不乘船就不能过河吗？还有什么办法？这样进行深思，就会得出许多新见解，如修桥过河、游泳过河、潜水过河、坐飞机或气球飞过河、挖地下隧道钻过河等。从逆向思维立论，常常会得出新意。

（3）纵向思维。在原材料已知内容基础之上，对原材料作合理的推想和引申，从而得出新意。

（4）横向思维。也称侧向思维，即通过联想把材料内的已知内容要素同材料外的其他内容要素联系起来思考。这两种内容要素之间的关系，常常是相似、相关或相反。这种联想可以由此及彼，也可以由彼及此。

3. 培养创造想象力

创造想象与创造性思维密切联系着，创造想象的积极参与是创造性思维的重要环节。

由于创造想象的参与，能够结合以往的经验，在想象中形成创造性的新形象，形成最终或中间产品的心理模型，并且提出新假设，所以是创造活动顺利开展的关键。

所以，一切艺术创作的新形象，科学家创造的新假说、新发明都离不开创造想象。创造想象是创造性活动的必要环节。没有创造想象，创造性活动就难以顺利进行。要培养创造性思维，就离不开创造想象力的锻炼。

创造想象的产生与发展有赖于社会实践，也有赖于创造者强烈的创造欲望、丰富的表象储备、高水平的表象改造能力以及积极的思维活动等。因此，要培养创造想象，应该扩大知识范围，积累知识经验，增加表象储备。创造想象需要原料，没有相应的表象储备，有关的新形象是创造不出来的。作家托尔斯泰在《战争与和平》一书中创造娜塔莎的形象，是基于分析他两个熟人的性格和特点塑造成的，这两个人是他的妻子索菲亚·安得烈耶芙娜和他的姐姐达吉娅娜。

此外，创造想象需要大胆想象，敢于表达想法。有一次，在课堂上老师问："雪融化了是什么?"小朋友们都回答是水，老师很满意。这时，有一个学生回答："雪融化了是春天。"这是一个富有创造力的答案，也是一个极具诗意的回答。但是，一个人如果没有一定的胆量，是不敢在别人都有统一答案的情况下提出自己的想法的。所以，大胆想象，敢于表达是培养创造想象力的重要条件。

想象是人类宝贵的财富，今天这件事情还只存在于你的想象中，明天它就有可能帮助你成功[①]。

4. 重视个性的培养

个性因素有时影响人们创造性思维的发挥。因此，要培养创造性思维，从培养良好的个性品质角度做起，不失为一个好办法。纵观历史，我们发现，凡是创造型人才的个性，都有以下几个特点：远大的理想和强烈的事业心、个性的独立性、意志的坚定性、一丝不苟的态度、强烈的创新欲望、广泛的兴趣爱好等。

可见，培养独立、自信、坚定、认真、进取心等个性品质，能促进创造性思维的发展，而粗心、墨守成规、骄傲、懒惰、意志薄弱等消极的个性品质，会抑制创造性思维的发展。

5. 善于交流信息

很多创造思想的火花都是在交流信息中产生的。在思想碰撞过程中会源源不断地产生火花，我们可以从这些思想的火花找出对自己有用的创造性思维，从而让自己的思想不断地发展和提高。

三、创新学习的方式

创新学习是适应变化万千的未来社会所应具有的一种学习体系和形式，就是要求学习者在学习知识的过程中，不拘泥书本，不迷信权威，不墨守成规，以已有的知识为基础，结合学习的实践和对未来的设想，运用创造性思维，独立思考，大胆探索，别出心裁，提出新思路、新设计、新途径、新方法的学习活动。

创新学习的方式主要有以下四种：

---

① 陈晶，黄艳苹. 大学生学习管理与辅导[M]. 北京：北京师范大学出版社，2010：116-117.

1. 问题学习

有一项调查发现，90％的 5 岁孩子都有创造性，而到了 20 岁以上只有 5％的人有创造性。为什么会出现受教育程度越高而创造性越差的现象呢？众所周知，小孩子喜爱提问；对身边一切都充满了旺盛的好奇心；成年人则不会如此，所以小孩子比成人更具有创造精神。有的学校在教育中用"标准答案"束缚人，使学生变得不敢提问题、不愿提问题、不会提问题，严重扼杀了青少年的创造性。其实，提出问题，预示着新的发现、新的突破。没有提出问题，就永远不可能解决问题。

问题学习，不仅指提出问题，还包括解决问题。解决问题，能够很好地锻炼思维能力、创造能力。同时，解决问题的学习，还能激发人思维创新的积极性，学习者就会养成勤动脑、爱动脑的良好习惯。

2. 批判学习

批判思维是创造性思维的重要组成部分。进行批判学习，能够很好地发展批判能力，培养独立思考能力。批判学习不是把东西塞进你的脑袋中，而是让你的脑袋长在自己的肩膀上，自有主见。读书时，既要吸收，又要批判，决不生吞活剥，死记硬背。古人云，尽信书，不如无书。知识可以使人眼界开阔，变得博学。可是，倘若迷信书本知识，越"博学"也许对自己的束缚也就越多。所以在学习过程中，我们要学会在批判中创新。毛泽东曾说过，出 20 个题，学生能答出 10 题，答得好，其中有的答得很好，有创见，可以打 100 分；20 题都答对了，但是平平淡淡，没有创见的给 50 分、60 分。进行批判学习，发展批判思维，就可以避免现有知识带来的负面影响，使自己不受束缚，视野开阔，容易发现问题，产生大创造。

3. 探究学习

所谓探究学习，是从学科领域或现实社会中选择和确定研究主题，通过个体自主、独立地发现问题，通过实验、操作、调查、信息搜集与处理，表达与交流等，获取知识、技能，发展情感与态度，培养探索精神和创新能力的学习方式和学习过程。人们总以为研究必须要经过十几年漫长的学习才能做到，甚至认为要两鬓斑白、学富五车的人才能干好。可是事实充分证明，连几岁的孩子也有研究能力。在一篇题为《美国人竟然这样教育小学生》的资料中，作者就介绍了美国的孩子从上小学低年级开始就搞起"研究"，进行探究式学习的事实。十岁的小学生竟然敢研究《中国的昨天与今天》《我怎样看人类文化》之类的大课题，每个课题都能用计算机做出几十页的小册子，能够熟练地在图书馆利用计算机和微胶片系统查找他所需要的各种文字和图像资料……从决定题目，到搜集资料，到研究写作，从始至终都处于独立研究状态。

事实上，在独立研究过程中，可以很好地培养创造精神、创造能力。美国人的创新能力强，得益于他们从小就开展的创造性学习的教育。

4. 自主学习

自主学习，概括地说，就是"自我导向、自我激励、自我监控"的学习，这是创造性学习的重要形式。自主学习能力是一种综合性极强的能力，它包括独立阅读能力、独立思考能力、自我组织能力、自我监督能力，包括高度的主体精神、自主精神、自强精神。而这些都是创新所需要的，与创新有着内在的联系。

很多富有创新性的科学家，并非学校所造就，他们有的是通过自主学习而成功的。例如，被斥为笨蛋而赶出学校的爱迪生；首次报考大学就名落孙山的科学巨人爱因斯坦等。哈佛大学有名的案例教学法被世人所称道，它实质上是案例学习，案例不是由老师来剖析、讲解，而是由学生自己去分析、讨论。这种独立作业、独立思考的自学方式，对哈佛学子的创造力培养有极大的帮助。

自主学习是一种很能锻炼人提高人创造力的学习方式，要提高你的创造力，要进行创造性学习，那就要重视、学会自主学习，善于自主学习①。

8.2 能力故事

一、李少杰的创新

李少杰是首届中国青年学习成才奖得主。他原本是海尔公司的一名普通员工。钣金生产线是生产冰箱的第一道工序，也是影响生产时效的首道"门槛"。要提高钣金生产线的生产时效，出路只有两条：一是增加设备，二是挖潜增效。

钣金公司拥有当时世界上最先进的日本生产线，设计节拍为 25 秒/台，所以挖潜增效的方法从来没人敢想过。而李少杰却偏偏要为世界上最先进的生产线"动手术"。他与日本生产厂家积极沟通，召集公司各个领域的工作人员，仔细推敲生产线的每一道工序。凭着李少杰的韧性和创新能力，他硬是带领同事将冰箱钣金生产线的设计节拍降低为 7.5 秒！创下了钣金线生产效率新的世界纪录。李少杰的创新，就像推进器一样，为海尔注入了强健的活力②。

✷ 思考与讨论

（1）结合李少杰的创新故事谈谈创造性思维的作用。

（2）本案例对你还有何启示？

二、爱迪生和灯泡的故事

有一次，爱迪生的实验需要一只灯泡容积的计算数据，于是，他把这只灯泡交给了他的助手阿普顿，让他计算一下这只灯泡的容积是多少。

阿普顿是普林斯顿大学数学系的毕业生，数学水平相当高。他拿着这只梨形的灯泡，打量了好半天，又特意找来皮尺，上下量尺寸，画出了灯泡的剖面图、立体图，并列出了一道又一道的算式，这一套复杂的分析及计算工作真是让他忙得不亦乐乎。在分析计算中，一个小时过去了，可问题还没有解决。阿普顿很着急，这时又跑来了急等着要数据的爱迪生。

爱迪生责备地问："怎么还没算出来？""差不多一半了！"阿普顿头也不抬地边计算边慌忙回答。"才算到一半？"爱迪生十分诧异，看阿普顿额头上滚落的豆大汗珠，他走近一看，

---

① 人力资源和社会保障部职业技能鉴定中心. 自我学习能力训练手册[M]. 北京：人民出版社，2011：194-195.

② 吴永生，刘伟. 自我学习[M]. 北京：中国工人出版社，2012.

在阿普顿的面前，密密麻麻的算式写满了好几张纸。爱迪生忍不住笑了，阿普顿莫名其妙地看着他。只听爱迪生说道："何必这么复杂呢？你把水装满在这个灯泡里，再将灯泡里的水倒在量杯里，量杯量出来的水的体积，不就是我们所需要的灯泡的容积吗？"阿普顿恍然大悟。他连忙跑进实验室，仅经过了两个装水的动作，不到一刻钟，就把那个他煞费苦心进行大量分析计算而未能解决的问题——计算灯泡的容积，准确无误地求出来了。

如果一直用习惯思维方式来处理，就走进了"死胡同"，很难顺利解决问题[①]。

思考与讨论

（1）爱迪生和灯泡的故事说明了什么？

（2）本故事对你还有什么启示？

三、妈妈对女儿的训练

有一位妈妈从市场上买回一条活鱼，女儿走过来看妈妈处理活鱼，妈妈看似无意地问女儿："你想怎么吃？""煎着吃！"女儿不假思索地回答。妈妈又问："还能怎么吃？""油炸！""除了这两种，还可以怎么吃？"女儿想了想："烧鱼汤。"妈妈穷追不舍："你还能想出几种吃法吗？"女儿眼睛盯着天花板，仔细想了想，终于又想出了几种："还可以蒸、醋熘，或者吃生鱼片。"妈妈还要女儿继续想，这回女儿思考了半天才答道："还可以腌咸鱼、晒鱼干吃。"

妈妈首先夸奖女儿聪明，然后又提醒女儿："一条鱼还可以有两种吃法，比如，鱼头烧汤、鱼身煎，或者一鱼三吃、四吃，是不是？你喜欢怎么吃，咱们就怎么做。"女儿点点头："妈，我想用鱼头烧豆腐，鱼身子煎着吃。"妈妈和女儿的这一番对话，实际上就是妈妈鼓励孩子多角度地想象、推想，从而提出多种方案，这也是一种发散性思维训练[②]。

思考与讨论

（1）妈妈对女儿进行了什么思维训练？

（2）请运用此思维，列举曲别针的用途。

四、不断创新的许振超

许振超是青岛港的吊车司机，他的工作就是把货物从码头吊上车、船，或是从车、船上吊到码头。30 个春秋就这样悄然而去。只有初中文凭的他却在一年内两次刷新世界集装箱装卸纪录。"干活不能光用力气，还要动脑筋；干一行，就要爱一行，精一行。"这是许振超在工作中总结的成功之道。

1974 年，许振超初中毕业后到青岛港当了一名码头工人。他操作的是当时最先进的起重机械——门机。许振超勤学苦练，成为一起学习的工人中第一个能独立操作的工人。

1984 年，许振超又开始了新一轮的钻研。青岛港组建集装箱公司，许振超当上了第一批桥吊司机。桥吊作业有一个减速区，减速早了装卸效率下降，减速太晚又影响货物安全。

---

① http：//www. zxxk. com/wxt/Info. aspx? InfoID＝54700.

② http：//www. chinaread. net/peixun/sztz/200611/50. html.

许振超带上测试表反复测试，终于成功地将减速区调到最佳位置。

1991年，许振超当上了桥吊队队长。他发现，桥吊故障中有60％是吊具故障，而故障主要是由于起吊和落下时速度太快，吊具与集装箱碰撞造成的。他提出，这么操作不仅桥吊容易出故障，货物也不安全，必须做到无声响操作。

同事们一听七嘴八舌地开始抱怨："搞无声响操作，轻拿轻放，不明摆着要降低速度，减少收入吗？"许振超没多解释，自己动手练起来。他通过控制小车水平运行速度和吊具垂直升降之间的角度，操作中眼睛上扫集装箱边角，下瞄船上装箱位置一点，手握操纵杆变速跟进找垂线。打眼一瞄，就能准确定位，又轻又稳。而后，他专门编写了操作要领，亲自培训骨干并在全队推广，以事实说服人。就这样，"无声响操作"又成了许振超的独创。

尽管每个人对知识的理解程度不同，运用起来也会造成各种差异，但是勤奋敬业，好学爱岗是能否创造性地开展工作的关键之一。只有勤奋、好学，个人的潜能才能得到充分发挥，知识的价值才能全面展示出来[①]。

思考与讨论

（1）结合本故事谈谈创造性思维在自我学习中的作用。

（2）许振超具有哪些创造性个性品质？

五、脱帽

在很久以前的国外，曾经有过一段时间，女人们在外出的时候都习惯戴上一顶很高的帽子，而且这种行为渐渐地成为了当时的一种时尚。即使是在电影院里，那些年轻的小姐和太太们也不肯摘下她们的帽子。这样，势必就给坐在后面的观众带来了极大的不便。就是因为这个原因，电影院里的观众变得越来越少，甚至有一些电影院已经面临倒闭的危机了。

有家电影院，也面临着同样的问题。眼看着自己的生意就要破产，忧心忡忡的经理终于决定用最后一个办法来试试看。

令人惊讶的是，自从经理用了这个办法以后，电影院里就再也没有女人戴着高高的帽子看电影了。于是，电影院的生意又慢慢地好了起来。

那么，经理所用的这个办法究竟是怎样的呢？

这位经理的办法是：在每场电影正式放映之前，就在银幕上打出"为了照顾老年妇女，本影院特别允许她们戴着帽子观看电影"几个字，这样所有的女观众为了不被别人认为自己是一个老年妇女，自然就把头上的帽子都摘下来了[②]。

思考与讨论

（1）请分析这位经理解决脱帽问题的绝妙之处。

（2）本案例对你有何启示？

---

① http：//www. chinajob. gov. cn/gb/training/2004-05/10/content_26892. html.

② http：//www. bayueju. com/fulltext/28317/28317. html.

六、罗光明的灵感

罗光明是一个"空气清新机革命"者。刚毕业时，他在厦门的一家商场里做小家电产品的促销导购，由于和自己所学的专业对口，他渐渐喜欢上了这份工作。经过一段时间的细心观察，他发现商场内所有的空气净化器和空气消毒机，都是单一性的产品，没有综合功能。许多顾客都嫌多买一个机器回家占地方，而且价格也不便宜。

罗光明想："如果将多种功能集中在一起，既能解决顾客怕占空间的顾虑，又能降低成本，那该多好！我一定要比别人快一步实施这个想法！"

经过半年的努力，他终于成功地将 hepa 过滤技术、负氧离子、臭氧技术这三种技术集中在一起，设计出了具有多重功能的空气清新机。

在产品技术完善后，罗光明又设计出了更具人性化的样机。之后，他便带着样机找了好几个生产小家电的厂家，希望能与他们合作，但却遭到了拒绝，但他并没有心灰意冷。几经挫折后，一个港商投资公司同意与他合作。

没想到，他们的第一笔业务，就赚了 100 多万元。不久，罗光明也拥有了自己的公司。在之后的几年里，他又研发出了一系列功能和外观都全新的机器，这些机器在市场上一亮相就受到了国内外客商的青睐，而且还成功地申请了专利。到目前为止，他的业务已经遍及全球 22 个国家和地区。

对于自己的成功，罗光明总是表现得很谦虚，他说："成功其实很简单，当你拥有灵感时，只需要把这个灵感比别人快一步做出来就行了！[1]"

☀ 思考与讨论

（1）罗光明在发明"空气清新机"前，是如何发现这一市场空白，并努力发挥自己的创造性思维的？

（2）你是如何开发自己的创造性思维和创造潜力的？

8.3 能 力 训 练

一、创造性思维能力测试

你有创造性思维能力吗

根据你的实际情况，对下列题目作出"√"（正确）、"?"（不能确定）、"×"（不正确）三者必选其一的回答。

1. 我不做盲目的事，也就是说，我总是有的放矢，用正确的步骤来解决每一个具体问题。
2. 我认为只提出问题而不想获得答案的事，无疑是浪费时间。
3. 无论什么事情，要我产生兴趣总比别人困难。
4. 我认为合乎逻辑的、循序渐进的方法，是解决问题的最好方法。

---

[1] http://www.35wl.com/Cy/gushi/3157.html.

5. 有时我在小组里发表意见，似乎使一些人感到厌烦。

6. 我花费较多时间来考虑别人怎样看待我。

7. 做自己认为正确的事，要比得到别人赞同重要得多。

8. 我不尊重那些做事似乎没有把握的人。

9. 我需要的兴趣和刺激比别人多。

10. 我知道在考验面前，如何保持自己头脑的镇静。

11. 较长时间坚持进行研究和解决问题。

12. 有时我对一些事情过于热心。

13. 在无事可做的时候，我倒常会想出好主意来。

14. 在解决问题时，我分析问题快，综合收集资料慢。

15. 在解决问题时，我常凭直觉来判断对或错。

16. 有时我打破常规，去做我原来并未想到要做的事。

17. 我有收集东西的爱好。

18. 幻想促进我提出许多重要的计划。

19. 我喜欢客观而又有理性的人。

20. 如果要我在本职工作之外选择两种职业，我宁愿当一名实际工作者，也不愿当一名探索者。

21. 我能和周围的同学或同事们相处得很好。

22. 我有较高的审美观。

23. 过去我比较看重自己的名利和地位。

24. 我喜欢那些坚信自己观点的人。

25. 灵感和获得成功的关系不大。

26. 我最高兴的是，与我观点不同的人经过争论成为好朋友，即使让我放弃自己的观点也愿意。

27. 我最大的兴趣在于提出新的建议。

28. 我乐意独自一个人整天地深思熟虑。

29. 我往往避免做那些使我感到情绪低下的工作。

30. 在评价资料时，我觉得资料的来源比内容更为重要。

31. 我不满意那些不确定和不可预言的事。

32. 我喜欢一门心思苦干的人。

33. 一个人的自尊心比得到他人的敬慕更重要。

34. 我觉得那些力求完善的人是不明智的。

35. 我宁愿和大家一起努力工作，而不愿单独工作。

36. 我喜欢那种对别人产生影响的工作。

37. 我在生活中常碰到不能用对或错来判断的事。

38. 我认为"各行其是""各安其位"是很重要的。

39. 那些常用古怪词汇的作家，不过是为了炫耀自己的才华。

40. 许多人之所以感到苦恼，是因为他们把事情看得太认真了。

41. 即使遭到不幸、挫折和反对，我仍然保持原来的热情对待工作。

42. 想入非非的人是不切合实际的。

43. 我对不知道的事比知道的事的求知欲更强烈。

44. 我对"这可能是什么"比"这是什么"更感兴趣。

45. 我经常为自己在无意之中说话伤人而内疚。

46. 即使没有报答和酬谢，我也乐意为新颖的想法而花费时间和精力。

47. 我认为"出主意没什么了不起"这话是有道理的。

48. 我不喜欢提出显得无知的问题。

49. 一旦任务在肩，即使遭到挫折，我也要坚决完成。

50. 任意选出 10 个最能说明你的性格的词：

谨慎	热情	机灵	精神饱满	献身精神
朝气	无畏	孤独	脾气温和	泰然自若
独创	时髦	好奇	有说服力	渴求知识
律己	复杂	拘束	永不满足	光明磊落
坚强	自信	精干	实事求是	足智多谋
实干	保守	随便	有组织力	易动感情
虚心	老练	骄傲	不屈不挠	铁石心肠
实惠	柔顺	交际	不拘礼节	洒脱超然
敏锐	独立	自制	思路清晰	有理解力
远见	创新	善良	观察力强	一丝不苟

分数分配：第(50)题以 2 分记的词是精神饱满、观察力强、不屈不挠、柔顺、足智多谋、独立、献身精神、独创、敏锐、无畏、好奇、朝气、热情、律己；得 1 分的词是自信、远见、不拘礼节、永不满足、一丝不苟、虚心、机灵、坚强、创新；其他词汇不给分也不扣分。

第(1)～(49)题得分请根据下表。各题得分相加，统计总分。

题号	是	不定	否	题号	是	不定	否	题号	是	不定	否
1	0	1	2	21	0	1	2	41	3	1	0
2	0	1	2	22	3	0	−1	42	−1	0	2
3	4	1	0	23	0	1	2	43	2	1	0
4	−2	0	3	24	−1	0	2	44	2	1	0
5	2	1	0	25	0	1	3	45	−1	0	2
6	−1	0	3	26	−1	0	2	46	3	2	0
7	3	0	−1	27	2	1	0	47	0	1	2
8	0	1	2	28	2	0	−1	48	0	1	3
9	3	0	−1	29	0	1	2	49	3	1	0
10	1	0	3	30	−2	0	1				
11	4	1	0	31	0	1	2				

题号	是	不定	否	题号	是	不定	否	题号	是	不定	否
12	3	0	−1	32	0	1	2				
13	2	1	0	33	3	0	−1				
14	4	0	−2	34	−1	0	2				
15	−1	0	2	35	0	1	2				
16	2	1	0	36	1	2	3				
17	0	1	2	37	2	1	0				
18	3	0	−1	38	0	1	2				
19	0	1	2	39	−1	0	2				
20	0	1	2	40	2	1	0				

得分分析：

140 分以上：表明你有非凡的创造性思维能力，属发明家、思想家一类的人物。

110～139 分：表明你属于创造性思维突出型。

85～109 分：表明你的创造性思维是较强型。

55～84 分：表明你的创造性思维属良好型。

30～54 分：表明你的创造性思维是一般型。

16～29 分：表明你的创造性思维是弱型。

0～15 分：表明你无创造性思维。

若测定的总分偏低，也不必自卑，在 29 分以下不完全说明智力不高，可能是习惯思维较强的缘故。只要你努力去克服自己的思维弱点，你的创造思维能力就可以改善。

二、举行头脑风暴会

这里将举行一次头脑风暴会，尝试用气球制作新的玩具。

团队开展一次小发明活动，把有相同创造发明爱好的同事或同学聚集起来，研究用气球制作新的玩具。活动由指导老师和团队负责人共同主持。活动主题由指导老师提前两天通知各成员，活动时，大家共同提出想法并进行评价。主持人围绕课题想方设法启发、引导大家发言，创造出一个轻松活泼、敢于提出创造性方案的气氛。

请想想：

(1) 你平时看到的气球玩具有哪些可以改进的地方？

(2) 思考和制作过程中，运用到了创造性思维的哪些思路？

(3) 把自己的思路与其他同学的思路对照一下，看看自己的思路有什么优势和不足。

(4) 如果你是主持人，你将如何主持这次"风暴会"？

提示："风暴会"程序[①]见图 8-1。

---

① 人力资源和社会保障部职业技能鉴定中心. 自我学习能力训练手册[M]. 北京：人民出版社，2011.

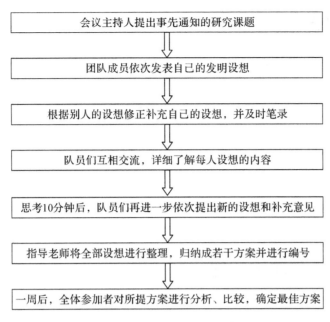

图 8-1　头脑风暴会的程序

三、拓展训练：危险旅程

（1）设计思想：在以创新取胜的经济时代当中，一个企业或一个人能否打破固有的思维模式，以创新的思维模式去解决问题，从而抓住市场的商机，危险旅程活动将给我们以启迪。

（2）时间：60 分钟（12～13 人）。

（3）设备设施：危险旅程场地一块；3 根竹竿，一根长 350 cm、粗 10 cm，两根长 200 cm、粗 10 cm；长绳 3 根，长 600 cm/根；短绳 6 根，长 150 cm/根。

（4）组织过程：

① 大家用现有工具帮助一名志愿者从场地一端走到另一端；

② 所有队员必须离开志愿者 3 米之外；

③ 志愿者要离地 20 cm，大家尽量用轻便省力的办法，不求速度；

④ 教练在活动过程中观察队员的沟通情况，并分析大家的思路和转折点。

（5）安全规范：

项目进行中队员有下列行为时，教练要及时制止和指导：队员在捆绑竹竿的过程中，要连接牢固；在行进过程中志愿者要抓牢两侧竹竿；行进过程中队员要相互协调注意保持平衡。项目中对教练的要求：教练要注意观察队员的动作和行为以防发生意外；教练要检查绳结是否牢固；当发现队员动作存在隐患时要及时鸣哨制止；在队员行进过程中教练要保持近距离全程跟进。

（6）课程讨论：

① 大家的沟通是否到位；

② 方法的确定与实际的差距；

③ 用了几种方法，哪种方法最新颖，为什么？

（7）教练点评：

① 解决问题的思路；
② 创新的作用①。

四、列出 100 个创业金点子

成就一番事业是每个人都梦寐以求的，但苦于不知如何创业。你可邀请朋友出出主意。方法如下：

你可邀请 10 个同学（同事、朋友），让大家每人至少提出 10 个创业的设想，任何人不能评价好坏，提得越多越好。提够 100 个后，大家讨论评判，剔除 50 个大家认为问题比较大的设想。过几天后，再让大家无限制地提设想。几次后，就可列出 100 个创业金点子了。不妨把"创业金点子"改为自己需要大家帮忙的内容试一试，看是否有大的收获，众人拾柴火焰高②。

拓展阅读：创造性学习的策略

1. 探源索隐

在学习中我们要尝试从事物的联系中思考。追索偶然发现的起因，在掌握知识的同时，探源索隐，追寻导致前人发现与发明定律、定理和公式的思路；从寻找事物的各种原因中，探索创新的思维方式，激发自己提出解决问题的办法。创造性强的学习者，对探源索隐的方法是有浓厚兴趣的。

2. 辨异求同

要善于比较，从比较中打开思路。不谋求唯一正确的答案，要"逼迫"自己通过不同的思路达到同一目标。从比较中，发现新问题、新情况，发现老问题的不同解决办法，发现已知情况的新变化，使自己的创造欲在执着的追求中受到激发。培养自己创造性解题的习惯，创造性发挥自己的思路是创造中的精华。

3. 类比模拟

在学习中，要善于从自然界或者已有成果中，寻找与创造对象相类似的东西，加以模拟，创造出新的东西来。从个体成长过程看，模仿是创造的先导，但我们追求的是在模仿中进行创新，从类比模拟中求创造。类比的方法很多，常用的有拟人类比法、直接类比法、象征类比法、因果类比法、对称类比法、综合类比法等。

4. 趋势外推

事物发展的过去、现在和未来有着内在联系。因此可以根据过去和现在的信息，在学习中研究影响事物发展的基本因素、限制条件，推测未来发展的趋势，从而制定适当的对策。把这种学习方法与学术的研究结合起来，其学习效果会更为明显。

5. 纲要浓缩

编制学习提纲，浓缩学习内容，使"点的记忆"变成"线的记忆"，构成网络。纲要浓缩，

① http://www.chinateamwork.com/html/knowledge/1906391860.html.
② 人力资源和社会保障部职业技能鉴定中心.自我学习能力训练手册[M].北京：人民出版社，2011.

博约相宜，形象直观，重点突出，便于复习，有利创造。浓缩学科中的精华结穴之处，颇显个人的功力，学习提纲要突出自己的见解，跳出书本和老师的讲授，延伸发展，所发现的问题和创造联系在一起，是一种事半功倍的好方法。

6. 系统思考

要研究认识对象的一切方向，一切联系和"中介"。纵串横联，立体思考，从事物方方面面的联系上，去发现问题和发现与问题相关的各种关系，从而获得解决问题的办法。对不同的学习内容，从不同角度进行分析判断，找出纵、横系列和它们相交叉而形成的立体系列，系统思考，使学习既有深度又有广度，它是创造学习的基础。有些学科相互渗透、衔接，寻找系统的联系，本身就是一种创造。

7. 智力激励

智力激励法是世界上得到普遍推广的一种创造技法，又称"头脑风暴法"。它是以专题讨论会的形式，通过充分的扩散思维过程，进行信息催化，激发大量的创造设想，形成综合创造力。运用该法，讨论的主题必须明确，旨在克服通常讨论会中自我评价系统和相互评价系统对萌发创新思路的抑制作用，达到集思广益、激发创造的目的。智力激励法能促使信息催化，产生连锁反应，形成综合的创造力。在学习讨论中，相互发表的意见，对每一个与会者都是一种信息刺激，若被理解，就会被纳入自己的认识结构里，于是，新信息与旧信息融合，新信息与其他信息融合，而产生一些新观念，或者在新信息的刺激下，通过联想作用激活另一个有价值的新观念的萌发。这样，学习就会有新的收获，学习也会变得很有活力，很有创意[①]。

课 后 练 习

1. 举例说明创造性思维的含义和特点。

2. 应如何进行创造性思维的培养？

3. 为什么自我学习离不开创造性思维？

4. 创新学习的方式有哪些？你是怎样进行创新学习的？

5. 一个公安局长在茶馆里与一位老头下棋。正下到难分难解之时，跑来一个小孩，小孩着急地对公安局长说：

"你爸爸和我爸爸吵起来了。"

"这孩子是你的什么人？"老头问。

公安局长答道："是我的儿子。"

请问：两个吵架的人与这位公安局长是什么关系？

6. 你能用一笔连续画出四条直线贯穿图中的所有点吗？

○ ○ ○
○ ○ ○
○ ○ ○

7. 写出你在学习或者工作中与众不同的三件事，并试着分析它们的与众不同之处在哪里。

_____

① 人力资源和社会保障部职业技能鉴定中心. 自我学习能力训练手册[M]. 北京：人民出版社，2011.

参 考 文 献

[1] 刘智运，刘永红. 大学生学习素养[M]. 北京：清华大学出版社，2014.

[2] 约翰·麦克斯维尔. 学习的力量[M]. 夏愉，译. 北京：金城出版社，2014.

[3] 李洪. 职业生涯规划理论与实务[M]. 北京：人民出版社，2014.

[4] 张振刚，雷育胜. 大学生学习与职业生涯规划[M]. 北京：清华大学出版社，2014.

[5] 徐艳岩，安郁宽. 以科研训练提高医学生自主学习和创新能力[J]. 教书育人，2014（10）.

[6] 谭芳. 大学生心理健康教程[M]. 北京：化学工业出版社，2014.

[7] 姜越. 学习力：在学习中提升正能量[M]. 北京：中央编译出版社，2013.

[8] 李文霞，任占国，赵传兵. 大学生心理健康教育[M]. 北京：北京师范大学出版社，2013.

[9] 杜克丁. 学习的智慧[M]. 北京：国防工业出版社，2013.

[10] 陈静. 终身学习理念下的成人自我学习[D]. 山西大学硕士论文，2013.

[11] 吴永生，刘伟. 自我学习[M]. 北京：中国工人出版社，2012.

[12] 杨海晖. 高职学生自我学习能力思考的培养[J]. 社科纵横，2012（12）.

[13] 张晓春. 试论成人自我学习能力的培养[J]. 社会科学家，2011（8）.

[14] 吴光远. 记忆力思维力学习力大全集[M]. 北京：新世界出版社，2011.

[15] 人力资源和社会保障部职业技能鉴定中心. 自我学习能力训练手册[M]. 北京：人民出版社，2011.

[16] 陈晶，黄艳苹. 大学生学习管理与辅导[M]. 北京：北京师范大学出版社，2010.

[17] 张少华，王汉民. 职业核心能力开发与实践[M]. 呼和浩特：内蒙古教育出版社，2009.

[18] 陈晶，黄艳苹. 大学生学习管理与辅导[M]. 北京：北京师范大学出版社，2010.

[19] 王言根. 学会学习：大学生学习引论[M]. 北京：教育科学出版社，2008.

[20] 徐颂陶. 学习能力[M]. 北京：人民出版社，2005.

[21] 燕国材. 心理学家告诉你：如何成为学习的赢家[M]. 上海：上海人民出版社，2001.

[22] ［美］詹姆斯·博特金，等. 回答未来的挑战：罗马俱乐部的研究报告《学无止境》[M]. 林均，译. 上海：上海人民出版社，1984.